山东省社会科学规划研究项目(项目批准号:17CKPJ15)

Guan Zhong de Gushi

管 仲 的 故 事

李金玲　郭　丽　著

中国海洋大学出版社

·青岛·

图书在版编目(CIP)数据

管仲的故事 / 李金玲，郭丽著. —青岛：中国海
洋大学出版社，2021.10

ISBN 978-7-5670-2959-0

Ⅰ.①管… Ⅱ.①李…②郭… Ⅲ.①管仲(？—前
645)—生平事迹—儿童读物 Ⅳ.①B226.1-49

中国版本图书馆 CIP 数据核字(2021)第 206598 号

出版发行	中国海洋大学出版社			
社　　址	青岛市香港东路 23 号		邮政编码	266071
出 版 人	杨立敏			
网　　址	http://pub.ouc.edu.cn			
电子信箱	cbsebs@ouc.edu.cn			
订购电话	0532—82032573(传真)			
责任编辑	赵孟欣		电　　话	0532—85901092
印　　制	青岛国彩印刷股份有限公司			
版　　次	2021 年 12 月第 1 版			
印　　次	2021 年 12 月第 1 次印刷			
成品尺寸	170 mm×240 mm			
印　　张	14.5			
字　　数	245 千			
印　　数	1～1000			
定　　价	78.00 元			

发现印装质量问题，请致电 0532—58700166，由印刷厂负责调换。

前　言

　　自从平王东迁，周天子的影响力减弱。春秋时期，各个诸侯国家开始争霸，在诸侯国的卿大夫中，一些才能突出的人，因时乘势，创造历史，显名当世。齐国的管仲因为辅佐齐桓公首霸，而成为春秋时期政治家中影响较大的人物。管仲的才能及其政策，对后世产生较大的影响。

一

　　管仲，名夷吾，颍上（今安徽颍上县）人，生年不详，卒于公元前 645 年。管仲的家世背景，现在已经不是多么清楚，只是在《史记》的注中记载，管仲的父亲是管严①。根据管仲所受的教育来推断，应该出生于士大夫家庭。

　　但是管仲年轻的时候，可能是因为父亲早已去世，家境已经非常贫困，没有办法，只能靠经商挣钱养家。他曾经和鲍叔牙一起做生意，每次分钱的时候，总是多分给自己一些，幸好鲍叔牙了解管仲，知道管仲家更贫困，需要的钱更多一些。管仲不仅做生意，还干过其他的事情，也好几次帮助鲍叔牙出谋划策，但是常常不成功，鲍叔牙并不怪罪他，因为鲍叔牙知道，事情的成功需要天时、地利、人和多种因素。管仲还做过几次小官，但是上司并不觉得他很称职，结果每次都被辞退。管仲还多次上战场参战，每次都从战场逃跑回来，鲍叔牙也能理解管仲，鲍叔牙觉得，管仲逃回来，不是怕死，而是因为家中有老母亲需要靠他来奉养。总之，鲍叔牙年轻的时候与管仲交往的过程中，管仲成功的例子似乎并不多，但是两个人有深交，鲍叔牙很相信管仲的才能，后来管仲做齐桓公的相，鲍叔牙的推荐起到了很大作用。

　　当时齐国的君主是齐僖公，他是一位了不起的君主，曾经为周天子做了很多事情，在诸侯国中影响很大，历史上把他的功业与之前的齐庄公并提，称为"庄僖小霸"。齐僖公有三个儿子，长子是公子诸儿，次子是公子纠，第三个儿子是公子小白。齐僖公还有一个女儿叫文姜，是鲁国桓公的妻子，鲁庄公的母亲。

　　经过多年的生活波折，在齐僖公晚年的时候，管仲、鲍叔牙终于在政治上取

---

① 《史记正义》引韦昭云："夷吾，姬姓之后，管严之子。"

得了一定的成功。管仲和另外一位政治家召忽成为齐僖公第二个儿子公子纠的老师,鲍叔牙成为齐僖公第三个儿子公子小白的老师。管仲与鲍叔牙相约,如果他们其中一个人在政治上成功了,要提携另外一个。

公元前698年,齐僖公去世。按照宗周礼乐文明制度,公子诸儿因为是长子而继承君主的位子,这就是齐襄公。齐襄公作为君主,也为齐国做了一些事情。公元前694年,齐襄公与鲁庄公在泺会盟,之后鲁庄公与夫人文姜到齐国探亲。在齐国,因为齐襄公与鲁庄公产生矛盾,襄公命一位大力士杀死了鲁庄公,造成齐鲁两国矛盾的激化。齐襄公越来越荒淫无道,他的兄弟公子纠、公子小白看到国家混乱,就逃亡到其他诸侯国。公子纠的母亲是鲁国人,公子纠在管仲、召忽辅助下,奔往鲁国。公子小白的母亲是卫国人,但卫国在今河南省,距离齐国临淄较远,所以小白与鲍叔牙他们来到与齐国临近的莒国避难。

齐襄公十二年(前686),齐襄公因废除叔伯兄弟公孙无知的特权待遇,公孙无知大怒,会同他人,杀害了齐襄公,自立为君。公孙无知成为君主后,为政暴虐,齐国人很不适应,无知很快被国人杀死,齐国出现了国无君主的局面。当时鲁国的君主是鲁庄公,他一得到消息,便快速发兵,送公子纠回齐。公子小白与鲍叔牙也从莒国往齐国赶。

得知小白也要回齐国,管仲带了一队人马,半路截杀。管仲赶到了莒国通往齐国的必经之路,公子小白的车队出现的时候,管仲对准小白一箭射去,小白应声倒下。管仲以为小白已死,其实射中的是他的衣带钩。管仲觉得大事已成,和公子纠放慢了回齐国的速度。小白、鲍叔牙急速到达齐国都城临淄。当时齐国地位最高的上卿,是高氏、国氏。高、国两家与公子小白的关系很好,他们拥护公子小白为君。这样,小白即位了,这就是齐桓公。

因为鲁国支持公子纠,齐桓公一继位,就派兵去打鲁国。齐国从开国之君太公开始,重视工商贸易,到齐僖公时期,又在小范围内称霸,国家处于上升状态,实力远远超过鲁国。鲁庄公支持公子纠争夺齐国君主之位,有利于齐、鲁两国的友好关系。现在齐桓公继位了,进攻鲁国,给鲁国造成威胁。鲁庄公知道打不过齐国,只好答应齐国的要求,杀了公子纠。召忽自杀,管仲被囚禁。

齐桓公打算任用鲍叔牙为相,鲍叔牙却极力推荐管仲。齐桓公心里放不下管仲射他的一箭之仇。鲍叔牙对齐桓公说,做臣子的理应各为其主,管仲射桓公,是因为他对公子纠忠心。管仲若是辅佐桓公,也会这样为齐国效忠。管仲的本领非常高,齐国若想雄霸天下,非用管仲不可。齐桓公本来就是一个心胸开阔的人,他采用了鲍叔牙的观点,放下前嫌,从鲁国召回管仲,任命管仲为相。

管仲在辅助公子纠的时候,就已经考虑,如何使齐国成为天下最强的诸侯国,他这种想法与齐桓公称霸天下的目标一致,所以桓公与管仲君臣在政治观念上很契合。管仲拜相之后,向齐桓公讲述了齐国的称霸之道。他告诉齐桓公,国家要富强,就要先得民心;要得民心,就要爱百姓;爱百姓,就要让百姓先富足。百姓富足了,国家才能得到治理。国家若要强盛,需要发展生产,重视经济,这样才能富民足食。管仲说:"仓廪实而知礼节,衣食足而知荣辱。"百姓家里的粮仓充实,百姓吃饱穿暖之后,才会知道礼节,才会有荣辱观。管仲强调礼、义、廉、耻是维护国家的根本,认为若是没有礼、义、廉、耻,国家会处在危亡的边缘。只有发展经济,国家的力量才会强大。

当年齐太公分封到齐国,采用的方针是"因其俗,简其礼,通商工之业,便鱼盐之利"。太公沿袭了齐地原有的风俗习惯,简化了宗周礼乐文明制度,重视工商业和渔业、煮盐业。利用齐国当地的土地特点发展农业桑麻,利用纺织、渔业、盐业经营的传统,发展手工业和商业。通货积财是加强齐国图霸的经济条件,是富国强兵的根本大计。管仲在齐太公原有政策的基础上,继续开发山林、渔业、盐业、铁业,增加财源。

在此基础上,管仲对齐国政治经济进行了改革。最有名的,是实施了"相地而衰征"的制度。就是根据土地的肥瘠程度不同,分等级征税,使百姓的粮食收入达到一种均衡的状态。《史记·管晏列传》记载:"管仲既任政相齐,以区区之齐在海滨,通货积财,富国强兵,与俗同好恶。"为了"定民之居,成民之业",管仲分全国为二十一乡,其中工商六乡,士农十五乡。实施兵农合一的劳动力编制,农夫平时耕田,战时当兵,对于加强齐国的军事力量作用很大。

在对外政策上,管仲积极促使齐桓公采取"尊王攘夷"的办法。"尊王"就是尊重周天子的权威,"攘夷"就是抗击威胁中原诸侯国安全的北方部族,遏止南方向北扩张的楚国。当时北方的燕国,经常受山戎、北狄的侵扰,齐桓公亲率大军北征,打败山戎、令支、孤竹国。公元前661年,邢国(今河北邢台县)受到狄人的侵袭。管仲说:"戎狄豺狼,不可厌也;诸夏亲昵,不可弃也。"齐派兵救邢,使邢免于亡国。齐桓公还帮助邢国迁徙到夷仪(今山东聊城),并为邢国修筑了都城。公元前660年,狄人攻下卫国都城,杀了卫懿公,国都城被彻底毁坏,卫国百姓所剩不多。他们逃到曹(今河南滑县),立戴公。齐派兵替卫国戍守曹邑,并且赠送卫君许多东西。戴公死,弟文公立,齐又带领诸侯的军队为卫国修筑楚丘城(今河南滑县),把卫国迁到这里。救邢,存卫,是齐的两大功业,阻挡了狄人的南侵,为诸夏作了屏藩,在诸侯国间取得了信誉。

周惠王二十一年(前 656),齐桓公以楚国不向周天子进贡祭祀用的包茅和周昭王被淹死于汉水为理由,进军楚国,迫使楚国在召陵(今河南郾城东)结盟修好,挡住了楚国北进的势头,楚国开始派使臣向周天子进贡包茅,表示尊王。

周襄王五年(前 647),周襄王的弟弟叔带勾结戎人进攻京城,王室危急。管仲帮助襄王平息内乱,获得周王赞赏。周襄王准备用上卿礼仪设宴为管仲庆功,但管仲没有接受。最后他接受了下卿礼仪的待遇。齐桓公在位的四十余年间,在管仲的辅佐下,"九合诸侯,一匡天下",齐桓公成为公认的霸主。

齐桓公四十一年(前 645),管仲病重。齐桓公来看他,询问谁可以继任相位。管仲说,君主作为管理者,应该最了解臣下。齐桓公问鲍叔牙是否可以,管仲说,鲍叔牙善恶过于分明,不适合为相。齐桓公又问易牙、竖刁、开方这三个人可否适合为相。管仲说,竖刁为了讨好桓公,主动自宫,去管理宫中的美女,这种人自己都不爱,怎么能爱君主呢?易牙为了讨好桓公,杀了自己的儿子煮给国君吃,这种人连自己的儿子都不爱,怎么能爱君主呢?卫公子开方十五年不回卫国探望自己的父母亲,他连父母都不爱,怎么会爱君主呢?竖刁、易牙、开方做的事情不符合人情,他们必定不会忠于桓公,对这些人绝不能任用,要把他们都赶走。那么谁最适合在管仲之后成为齐国之相呢?管仲觉得隰朋最适合。隰朋很有智慧,他遇到事情,都能想出解决的办法,忠于国君,品德高尚。隰朋在朝廷做事,以国家的富强为目标,对自己要求很严格,常常因为自己的才能比不上黄帝而心生歉疚;对别人宽容,能够宽容他们性格才能上的不足。但是隰朋在管仲去世半年之后,为相仅仅半年,也生病去世了。齐桓公依然任用了他喜欢的竖刁、易牙、公子开方。管仲去世两年,桓公病重,竖刁、易牙、开方看到机会,专权作乱,他们把齐桓公关到宫中,不送汤饭,桓公在羞愧中去世,齐国的霸业也衰落了。

二

管仲在齐国设计了各种制度,大力推进改革;在管仲的辅助下,齐国经济发展、百姓富足、社会安定。管仲又让齐桓公尊重周朝王室,联合各诸侯国,抵御戎狄的侵略,齐桓公因此受到很多诸侯的拥戴。齐桓公拜管仲为相,为了表达对管仲的尊重,桓公称管仲为仲父。

管仲襄助齐桓公成为春秋五霸之首,还维护了宗周礼乐文明制度。《论语》中孔子称赞管仲的才能:"管仲相桓公,霸诸侯,一匡天下,民到于今受其赐。微管仲,吾其披发左衽矣。"孔子说,管仲辅助齐桓公做诸侯霸主,尊王攘夷,一匡天下。要是没有管仲,中原地区的人就会披散着头发,左开衣襟,穿野蛮人的衣服,成为野蛮人了。孔子又说:"桓公九合诸侯,不以兵车,管仲之力也,如其仁,如其仁!"齐桓公多次召集各诸侯国,主持盟会,没用武力,而制止了战争,这都是管仲的力量,这也就是管仲的仁德。管仲在春秋时期是齐国的名相,才能卓越,对后世影响很大,三国时期的诸葛亮,也是一个非常有才能的人,他就常常把自己比作管仲。

管仲取得了如此巨大的功业,先秦两汉时期的文献中,很多记载了管仲的故事。记载管仲故事最多的,是《管子》这本书。而最早记载管仲故事的文献,是《左传》。之后,在《国语》的《齐语》中,记载了管仲辅助齐桓公,对齐国进行管理的国家政策,很多内容与《管子》的《小匡》篇接近,但是《齐语》的内容比《小匡》更为简略,顺序也有所不同。

战国典籍《庄子》中,有些管子的内容。《徐无鬼》的"管仲有病"节,在《管子·戒》也有详细的记载,两书文字有不同,视角也有不同。《庄子》主要表达庄周的道家思想,但在客观上记载了与《管子》相近的内容。《列子》有管仲述说与鲍叔牙友谊的内容,与《史记·管晏列传》的记载非常接近;《荀子》主要是对管仲、齐桓公、齐桓公时期的其他大臣的评价。在先秦诸子典籍中,《管子》之外,《韩非子》与管仲有关的文献最多,许多内容在其他先秦典籍中难以见到,这为我们多角度地了解管仲的故事提供了帮助。《韩非子》还在客观上记载了《管子》的流传状况,《五蠹》篇说:"今境内之民皆言治,藏商、管之法者家有之。"可知,在战国末年,以管仲生平和政治治国方略为主要内容的《管子》一书,流传甚广。吕不韦主编的《吕氏春秋》,也有诸多内容记载管仲,我们选择了其中比较经典的故事,进行解析说明。

西汉距离先秦较近,这一时期和管子有关的文献,主要是《新语》《新书》《韩诗外传》《春秋繁露》《史记》《淮南子》《盐铁论》《新序》《说苑》。陆贾《新语》的《管子》文献,论说管桓霸业的内容较多。贾谊《新书》有多条内容与今本《管子》接近,对管仲有较多论评。《韩诗外传》也有很多内容与管仲密切相关。董仲舒《春秋繁露》记载了管仲时期的重要政策。《史记》包含的管子内容,主要记载在《齐太公世家》《管晏列传》中。《淮南子》对管仲论评较多。《盐铁论》大夫、文学论辩时,有些地方论述了管子的主张和事迹。

西汉成帝时,刘向搜集宫中、宫外《管子》藏书五百六十四篇,除去重复者四百八十四篇,定为八十六篇,这就是我们现在读到的《管子》书的最早版本。刘向编写的《新序》《说苑》《列女传》中,有一些管仲的故事。《新序》记载的管仲故事,有些比《管子》简略。《说苑》记载管仲的故事,与《管子》的叙事方式不同,文字也有不同。《列女传》有三章内容与《管子》相关,人物名称有所不同,细节也有不同。《列女传》在文字、细节上都有增饰,非常具有小说的特点。可以看出《管子》记载的史事,到《列女传》著录成书的时候,演进的轨迹。

三

在《史记》中,司马迁根据见到的文献,经过裁剪,为管仲写了传记。司马迁因为是历史学家,非常重视文献记载,他在《管晏列传》说:"吾读管氏《牧民》《山高》《乘马》《轻重》《九府》,详哉其言之也。既见其著书,欲观其行事,故次其传。至其书,世多有之,是以不论,论其轶事。"司马迁说,《管子》的书,当时流传较广,"世多有之",所以不再讨论《管子》书的内容,主要记载管仲的轶事。

司马迁在《管仲列传》中,以生动的笔触,描述了管仲与鲍叔牙的友谊,也对管仲的治国谋略做了记载。在先秦到西汉时期,管仲的故事在各种典籍都有比较多的记录,但是还没有人把这些故事汇集到一起,这是本书要做的工作。我们希望通过注释文字、译成现代汉语、讲解这些故事的含义,使读者知道管仲的智慧和谋略,也对先秦时期的名相管仲的政治功业有初步的了解。

先秦时期,特别是在战国时期的稷下学宫,诸子学派百家争鸣,许多典籍经过稷下学者的整理,得以传世。西汉时期,刘向对先秦至成帝时期的典籍做出进一步修订,因此管仲的故事在先秦与西汉的典籍中都有记载。为了使中等水平的读者更好地了解先秦历史文化,更好地知道管仲这个人和他的生平事迹,我们特地编写了《管仲的故事》一书,以飨读者,使读者朋友在愉悦的读书过程中,积累历史文化知识,品味历史文化,提高对古籍的阅读理解能力。

抱着此种目的,此书在诸多的先秦西汉典籍中,选择具有代表性的管仲故事,以类相从,每一个管仲故事,按照以下顺序编排:首先通过题解说明故事的来源,其次列出原文,再次对原文中的繁难字词做出解释,然后以白话文将原文译出,译文在保持准确性的基础上,努力做到通顺、典雅,最后,以解读的形式,对故事的主要含义做出阐释。因为管仲的故事出自经典文献,其内涵非常多、广,不一而足,所以对故事的阐释与解说只是起到抛砖引玉的作用,希望读者在阅读中能够更多地体味先贤的智慧谋略,涵养审美情趣。

目　录

凡　例

本书选取从先秦到西汉时期典籍中比较有代表性的管仲故事,进行注释解说。

1. 为方便读者阅读,本书根据管仲故事的主要内容做出简单分类,分为政治类、经济类、外交类、哲学言语类、生活类、综合类六类。

2. 每类故事的编排次序,主要按照所用的典籍成书的时代顺序。同一类故事中,收录的同一部典籍中的管仲故事,一般按照这部典籍的顺序排列。

3. 每个故事根据其主要内容,提炼了题目。题目之下,列"题解",说明故事的出处,包括第一次收录某部典籍里的故事时,简单介绍这一典籍的成书情况。"解题"之下是"原文"部分,其次为"注释",主要解释原文中的难字、难词。再次为"译文",最后为"解读"。

4. 管仲是著名的政治家,他的故事在先秦两汉的典籍中多有记载。管仲的同一个故事,有时出自不同的典籍,文字、角度有所不同,本书也有选择地收录,便于读者从不同视角把握管仲故事的内涵。

一　政治类故事

这一部分主要包括两类内容,一类是管仲辅助齐桓公"尊王攘夷"的重要历史事件中体现出来的尊崇周天子及遵守宗周礼乐文明制度的故事,一类是在齐国国内,管仲管理齐国的政治类故事。

1. 管仲劝桓公救邢国

题解:

这则故事出自《左传·闵公元年》。

《左传》,即《春秋左氏传》,也称作《左氏春秋》,是我国古代一部记事的编年史,儒家把《左传》列入《十三经》中。这部著作记录了鲁隐公元年(前722),到鲁哀公二十七年(前468),春秋时期二百五十年内,周王室及各诸侯国之间的一些重大历史事件。《左传》内容丰富,具有丰富的文学价值,对后代历史著作和叙事散文有很大影响。《左传》相传是左丘明所作,但后世有学者怀疑这种说法。左丘明,相传为鲁国的盲史官,与孔子同时代或在孔子之前。根据《论语·公冶长》的记载可知,孔子对他很尊重。①

原文:

狄人伐邢[1]。

管敬仲言于齐侯曰[2]:"戎狄豺狼,不可厌也[3]。诸夏亲昵[4],不可弃也。宴安鸩毒[5],不可怀也。《诗》云:'岂不怀[6]归？畏此简书[7]。'简书,同恶相恤之谓也。请救邢以从简书。"

齐人救邢。

注释:

[1] 狄:我国古代北方少数民族。春秋前,长期活动于齐、鲁、晋、卫、宋、邢等国之间,与各诸侯国有频繁的接触。公元前7世纪时,分为赤狄、白狄、长狄三部,各有支系。因为他们主要居住在北方,故又称北狄。

　　邢:诸侯国名,故地在今河北省邢台市境。周公之子封于此,春秋时为卫所灭。

[2] 管敬仲:即管仲。

[3] 厌:满足。

[4] 诸夏:中原诸侯各国。

------

① 刘永翔、吕咏梅《先秦两汉散文》,上海人民出版社2017年版,第6页。

〔5〕宴安：安逸。

〔6〕怀：怀恋。

〔7〕简书：用于告诫、策命、盟誓、征召等事的文书。有时候也指一般文牍。这里指书写在竹简上的文字。

译文：

狄人攻打邢国。

管仲对齐桓公说："戎狄像豺狼一样，是不能满足的。华夏各诸侯国相互亲近，是不能丢弃的。安逸享乐有如毒药，是不能怀念的。《诗》说：'难道不想回去吗？怕的就是这竹简上写的告急文字。'竹简上的告急文字，就是一国有危难，别国也忧患与共，而共同对敌的意思。因此请求君主依从简书，出兵救邢。"

于是齐国发兵援救邢国。

解读：

鲁闵公元年，北方的狄人讨伐邢国，管仲向齐桓公建议，出兵解救邢国的危机。管仲说，各个诸侯国家，都是周天子管理之下的疆域，是同一个宗周礼乐文明制度礼乐教化区，他国有难时，齐国必须挺身而出，解救危难。

而四方的夷狄，所受的文化与华夏诸国相异，不以礼乐为本，行为不受礼仪的约束。当夷狄国家侵略华夏诸国时，为了伸张正义，"尊王攘夷"，拥护周天子，排斥夷狄的不轨，使华夏诸国都能安稳地过日子，无论如何，齐国都要出兵来解救邢国的危难。

这里透过管仲说的话，表达了春秋时期华夏地区的夷狄观（这种夷狄观是片面的），说明各诸侯国的攻伐征讨，应在尊王攘夷的前提下，共同维护周王朝的秩序，如此社会方能安定而免于长期战争之苦。现在来看当然孔子赞美管仲"如其仁"，主要是指管仲懂得维护宗周礼乐文明制度，保护了中原地区诸侯国的安全，保存了周文化。

2. 管仲劝桓公尊天子

题解：

这则故事出自《国语·齐语》。

《国语》是一部记述春秋时代历史的国别体史书，一般认为是先秦史家编纂各国史料而成。全书共二十一卷，分八个部分，以记述西周末年至春秋时期各国贵族言论为主。它的内容可以与《左传》相参证，所以有"春秋外传"之称。《国语》比较善于选择历史人物的精彩言论，来反映和说明某些社会问题。在叙事方面，时有缜密、生动的文笔。书中记载朝聘、飨宴、辩诘、应对的辞令，写得比较精练、行文委婉。

原文：

葵丘之会[1]，天子使宰孔致胙于桓公[2]，曰："余一人之命有事于文、武[3]，使孔致胙。"且有后命曰[4]："以尔自卑劳，实谓尔伯舅[5]，无下拜。"

桓公召管子而谋，管子对曰："为君不君，为臣不臣，乱之本也。"

桓公惧，出见客曰[6]："天威不违颜咫尺[7]，小白余敢承天子之命曰'尔无下拜'[8]，恐陨越于下[9]，以为天子羞。"

遂下拜，升受命。赏服大辂[10]，龙旗九旒[11]，渠门赤旗[12]，诸侯称顺焉。

注释：

[1] 葵丘：古地名，春秋时属宋国，在今河南省兰考县境内。齐桓公曾在此举行盟会。

[2] 天子：指周襄王。宰孔，即太宰孔，周王室的太宰。胙，祭肉。异姓诸侯，非夏、商之后，不赐胙。襄王使宰孔赐齐桓胙，尊之。

[3] 事：指举行祭祀。有事于文、武，说的是有祭祀之事于文、武之庙。

[4] 且：而且。

[5] 伯舅：周天子对异性诸侯的称呼。

[6] 客：指宰孔。

[7] 违：距离。颜，颜面。八寸曰咫。

[8] 小白：桓公名。承，受也。

[9] 陨越：颠坠。

[10] 大辂：诸侯朝见天子时所乘的大车。

[11] 龙旗九旒：旗上绘绣龙形，旗下垂挂九条饰物。

[12] 渠门：两旗相交接，作为军门。赤旗：上绘龙形，竿头系铃的赤色大旗。

译文：

齐桓公在葵丘这个地方盟会诸侯的时候，周天子派宰孔送祭肉给齐桓公，说："我祭祀了文王、武王，派宰孔送祭肉给你享用。"接着又命令说："因为你谦卑劳苦，加上我应该称你伯舅，可不必下拜受赐。"

桓公召管仲商量如何处置这事，管仲回答说："为君者不讲君威，为臣者不讲臣礼,这是造成祸乱的本源啊。"

桓公很惶恐,出来见宰孔说:"天子的威严离我不到咫尺之间,我小白岂敢接受天子'不必下拜'的命令,这样恐怕我会犯过失,给天子带来耻辱。"

于是下阶再拜稽首,然后才登堂接受胙肉。周襄王赏给他大辂车、缀有九条流苏的龙旗和渠门大旗,诸侯们都称颂齐桓公的举止顺乎礼仪。①

解读:

公元前 651 年夏天,齐桓公在葵丘会盟诸侯,这正是他的霸业达到顶峰的时候。周襄王也派宰孔送来胙肉。按周朝的礼节制度,天子的祭肉,只分送给同姓诸侯,异姓诸侯除夏、商二王之后外,其他诸侯是不送的。周襄王把祭肉送给齐桓公,显然是尊齐桓公等同于夏、商二王。周襄王还让宰孔告诉齐桓公,宣布桓公受祭肉时,无须下拜。

这是违背周礼的大事,关系到天子的尊严。周襄王这样做的原因,主要是齐桓公打出了"尊王攘夷"的旗号,驱逐了北方的夷人、狄人,迫使南方的楚国为周天子进贡包茅。齐国在诸多的诸侯国中,也是实力最强的。不让齐桓公下拜、遵从该有的礼节,是对齐桓公的尊崇,这也是周襄王综合考虑的结果。

齐桓公是怎样对待"无下拜"这件事情的? 根据《管子·小匡》记载,齐桓公还是很想接受周天子给予的这种待遇的。桓公说:"余乘车之会三,兵车之会六,九合诸侯,一匡天下。北至于孤竹、山戎、秽貉,拘秦夏,西至流沙、西虞,南至吴、越、巴、牂柯、𣲷、不庾、雕题、黑齿,荆夷之国,莫违寡人之命,而中国卑我。昔三代之受命者,其异于此乎?"俨然以霸主自居,没有把周天子放在眼里,无下拜之意。但经过管仲的劝导,知道不下拜将会带来难以估量的祸患,有可能动摇霸主的地位,才因为惶恐而收敛了骄矜之色,恭敬谨慎地下拜受赐,受到天下诸侯的赞赏。

清代的林云铭评价说,葵丘之会,齐桓公表达了尊王攘夷的意思,对周王室大有好处。周襄王赐桓公胙,把桓公比作同姓诸侯,是表示对齐桓公的亲近;赐桓公胙,把桓公等同于夏、商王朝的后人,这是尊崇他。天子又命桓公无下拜,这是特别的宠幸,可以说,天子之恩极高。虽然天子之恩可以加于桓公,但是在宗周礼仪制度上,齐桓公必须按照他应该遵从的礼节行礼。桓公对宰孔说的话,使君臣等级秩序明显划分出来,境界远远高于晋文公向周襄王"请隧"的

---

① 秦峰《译注国语》,江西高校出版社 1998 年版,第 257 页。

行为。

晋文公向周襄王"请隧"是一个历史故事。《国语·周语中》记载，晋文公帮助周襄王恢复王位，就向襄王请求，去世之后，赐以天子的葬礼。周襄王心里明白，若是答应晋文公的请求，那就失了体统，周天子的尊严也会丢掉。但他又不敢直接拒绝晋文公，所以从周先王裂土封侯讲起，谈到君臣法度的不可僭越，使晋文公最终放弃了这一非分要求，终于"受地而还"。

因为齐桓公主动请求按照宗周礼乐文明制度的礼节，向周天子行礼，而晋文公却违背了礼制，所以后来的孔子、孟子都赞美齐桓公的功业和懂得礼仪。

3. 管仲以故事劝桓公尊天子

题解：

这则故事出自《管子·小匡》。

《管子》是研究先秦学术文化思想的重要典籍。先秦诸子典籍，大都是一个学派的著作，而《管子》这部书却不相同。《管子》书中包含了管仲的治国思想、理念，也包含了战国时期田齐的国家措施，还有稷下学者对《管子》的解读。所以《管子》的内容很杂，著作的时代也不一致。例如，《地员篇》包含了农学思想，《弟子职》可能是稷下学宫的学则，《明法》《任法》《八观》具有很多法家内容，《四时》《五行》《幼官》《轻重己》则有阴阳家的思想，《兵法》具有兵家思想。《管子》一书是先秦时期的思想宝库，非常具有学术价值。《管子》的有些篇章记载了管仲事迹，可以与《左传》《国语》里的管仲故事互相补充。

原文：

葵丘之会[1]，天子使大夫宰孔致胙于桓公[2]，曰："余一人之命，有事于文、武[3]，使宰孔致胙。"且有后命曰："以尔自卑劳，实谓尔伯舅[4]，毋下拜。"

桓公召管仲而谋[5]。

管仲对曰："为君不君，为臣不臣，乱之本也。"

桓公曰："余乘车之会三，兵车之会六，九合诸侯，一匡天下。北至于孤竹、山戎、秽貉[6]，拘秦夏，西至流沙、西虞，南至吴、越、巴、牂柯、�、不庾、雕题、黑齿[7]，荆夷之国[8]，莫违寡人之命，而中国卑我[9]。昔三代之受命者，其异于此乎？"

管子对曰："夫凤凰鸾鸟不降，而鹰隼鸱枭丰[10]。庶神不格[11]，守龟不兆[12]，握粟而筮者屡中[13]。时雨甘露不降，飘风暴雨数臻[14]。五谷不蕃[15]，六畜不育，而蓬蒿藜藋并兴[16]。夫凤凰之文，前德义，后日昌。昔人之受命者，龙龟假[17]，河出图[18]，雒出书[19]，地出乘黄[20]。今三祥未见有者，虽曰受命，无乃失诸乎？"

桓公惧，出见客曰："天威不违颜咫尺[21]，小白承天子之命，而毋下拜，恐颠蹶于下，以为天子羞。"

遂下拜，登受赏[22]。服大路[23]，龙旗九游[24]，渠门赤旗[25]。天子致胙于桓公而不受，天下诸侯称顺焉。①

注释：

[1] 葵丘：古地名，春秋时属宋国，在今河南省兰考县境内。

[2] 胙：祭肉。

[3] 有事于文、武：指祭祀之事于文王、武王之庙。

[4] 伯舅：周天子对异姓诸侯的称呼。

[5] 谋：谋划，商量。

[6] 孤竹、山戎、秽貉：当时北方的三个少数民族。

[7] 巴：古国名，在今四川东部。牂柯：古地名，在今贵州境内。𣲘：尹桐阳认为"𣲘"是"长沙"的声转。不庾：古国名，即北朐，在郁水南。雕题：南方古国名，因其风俗头上画有花纹而得名。黑齿：南方古国名，因牙齿黑而得名。

[8] 荆夷：南方少数民族的统称。

[9] 卑我：不尊崇我。

[10] 隼：一种凶猛的鸟。鸱枭：猫头鹰一类的恶鸟。

[11] 庶：众。格：至。

[12] 守龟：用来占卜的龟甲。兆：征兆。

[13] 筮：占卜。以上三句意思是众神不来显灵，守龟不现征兆，而拿着谷子占卜的却很灵验。

[14] 飘风：旋风。臻：至。

[15] 蕃：茂盛。

[16] 藜：蒺藜。藋：草名，状似藜。

---

① 黎翔凤《管子校注》，中华书局 2004 年版，第 425～426 页。与《管子》有关的文字均以此书为依据，后文不再出注。

[17] 假：至。

[18] 河：黄河。

[19] 雒：洛水。

[20] 乘黄：又名腾黄或翠黄，乃传说中的神马名。

[21] 违：离开。颜：脸面。

[22] 登受：登堂领受。

[23] 大路：大车。路：同"辂"。

[24] 龙旗九游：一种画有龙的图案、垂有九旒的旗。

[25] 渠门赤旗：插在辕门两边的旗。渠门：辕门。①

译文：

　　齐桓公在葵丘盟会诸侯的时候，周天子派宰孔送祭肉给桓公说："我祭祀了文王、武王，特派遣宰孔送祭肉给你享用。"而且还有后命说："因为你谦卑劳顿，实告伯舅你不必下堂拜赐。"

　　桓公召来管仲商量。

　　管仲说："为君不行君礼，为臣不行臣礼，是祸乱的根源。"

　　桓公说："我能做到乘车之会三，兵车之会六，九合诸侯，一匡天下。北至孤竹、山戎、秽貉，拘捕大夏的国君。西至流沙西虞，南至吴、越、巴国、牂柯、䏑、不庾、雕题、黑齿。荆夷之国都不敢违抗我的命令，而中原各国却看不起我，从前夏、商、周三代受天命的帝王和我有什么不同呢？"

　　管子回答说："现在是凤凰鸾鸟不出，而鹰隼鸱枭却很多；众神不来，守龟没有征兆，而用谷穗卜筮的却很灵验；时雨甘露不下降，而飘风暴雨却不断来临；五谷不丰收，六畜不兴旺，而各种杂草却很茂盛。凤凰羽毛的花纹，前面象征德义，后面才象征日昌。古人受命为王的，总是有龙龟来临，黄河出图，洛水出书，地出乘黄神马。现在三种祥瑞都没有，纵然受命为王，岂不是一种错误吗？"

　　桓公听后很惶恐，出来接见宰孔说："天子的威严没有离开我面前咫尺，我小白虽然奉天子之命不必下拜，但恐怕在下面颠倒礼节，给天子蒙羞。"

　　于是下堂拜谢赏赐，然后登堂领受赏服、大辂、龙旗九游、渠门赤旗。天子

---

① 姜涛《管子新注》，齐鲁书社2006年版，第190页。后面涉及《管子》的字词解释，多参考此书，不再出注。

送祭肉给桓公,桓公能下堂拜受,天下诸侯都称赞桓公顺从礼节。①

解读:

　　春秋时期,王室衰微,诸侯争霸。齐桓公以其实力于葵丘会盟诸侯,确立其霸主之位。会上,周天子派大夫宰孔送祭肉给齐桓公,并有命说桓公谦卑劳顿,不必下堂拜赐。齐桓公遂召见管仲商量。管仲向齐桓公提出尊王的建议,旁征博引地论述不尊王的不利,使齐桓公心悦诚服。遂下堂拜谢赏赐。天下诸侯都称颂齐桓公顺于礼。"尊王攘夷",是管仲为齐桓公设计的称霸诸侯的策略,尽收天下人心,使齐桓公成就了霸业。②

4. 谏桓公罢封禅

题解:

　　该篇出自《管子·封禅》篇。

　　《封禅》篇在今本《管子》的第五十篇。《管子·封禅》的原文在唐代已经佚失,今本是唐代尹知章作《管子注》的时候,从《史记·封禅》篇中节录与管仲、齐桓公相关的内容,放到《管子》书中。

原文:

　　桓公既霸,会诸侯于葵丘[1],而欲封禅[2]。

　　管仲曰:"古者封泰山[3],禅梁父者[4],七十二家,而夷吾所记者,十有二焉。昔无怀氏封泰山[5],禅云云[6]。虙羲封泰山[7],禅云云。神农封泰山[8],禅云云。炎帝封泰山[9],禅云云。黄帝封泰山[10],禅亭亭[11]。颛顼封泰山[12],禅云云。帝喾封泰山[13],禅云云。尧封泰山,禅云云。舜封泰山,禅云云。禹封泰山,禅会稽[14]。汤封泰山,禅云云。周成王封泰山,禅社首[15]。皆受命然后得封禅。"

　　桓公曰:"寡人北伐山戎,过孤竹。西伐大夏,涉流沙,束马悬车,上卑耳之

①　赵守正《管子注译》(上册),广西人民出版社1982年版,第224页。刘柯等译《管子译注》黑龙江人民出版社2003年版,第168页。后文涉及《管子》白话译文的内容,对赵守正《管子注译》、刘柯等《管子译注》多有参考,不再出注。
②　丁守和等《中国历代奏议大典》,哈尔滨出版社1994年版,第74页。后文涉及《管子》故事解读的内容,对此书多有参考,不再出注。

山[16]。南伐至召陵[17],登熊耳山[18],以望江、汉。兵车之会三,而乘车之会六。九合诸侯,一匡天下,诸侯莫违我。昔三代受命,亦何以异乎?"

于是管仲睹桓公不可穷以辞,因设之以事,曰:"古之封禅,鄗上之黍,北里之禾,所以为盛[19]。江、淮之间,一茅三脊[20],所以为藉也[21]。东海致比目之鱼,西海致比翼之鸟,然后物有不召而自至者,十有五焉。今凤凰麒麟不来,嘉谷不生[22],而蓬蒿藜莠茂,鸱枭数至[23],而欲封禅,毋乃不可乎!"

于是桓公乃止。

注释:

[1] 会:会盟。

[2] 封禅:古代君主祭天地的典礼。封:指在泰山上筑土为坛以祭天。禅:指在泰山下的梁父上辟场以祭地。

[3] 泰山:五岳中的东岳,在山东省中部。

[4] 梁父:泰山山下的一座小山,在山东新泰市西。

[5] 无怀氏:古代的氏族首领,古以为王,在伏羲之前。

[6] 云云:泰山山下的一座小山,在今泰安市东南。

[7] 虙羲:即伏羲,也叫包牺。传说中氏族社会首领。虙,通"伏"。

[8] 神农:传说中的太古帝王名。他教民做耒耜,务农业,故称神农氏。又传他曾尝百草,发现药材,教人治病。

[9] 炎帝:传说中上古姜姓部族首领。相传少典娶有蟜氏而生。

[10] 黄帝:上古帝王名。传说是中原各族的共同祖先。少典之子,姓公孙,居轩辕之丘,故号轩辕氏。

[11] 亭亭:山名。泰山山下的一座小山,在今泰安市南。

[12] 颛顼:上古帝王名,"五帝"之一。号高阳氏。相传为黄帝之孙、昌意之子。

[13] 帝俈:传说中的五帝之一,俈,古同"喾"。黄帝子玄嚣后裔。居亳,号高辛氏。

[14] 会稽:山名。在今浙江绍兴。

[15] 社首:山名。在今山东泰安西南,一说在今山东宁阳县境。

[16] 卑耳:山名。在今山西平陆县。

[17] 召陵:春秋时属楚,故城在今河南郾城县东。

[18] 熊耳:山名。为秦岭东段支脉。在今河南卢氏县南。

[19] 盛:放入祭器中的粮食祭品。

[20] 茅:草名,分白茅、黄茅等。三脊:指茅草杆有三条棱。

[21] 藉：祭祀朝聘时陈列礼品的草垫。

[22] 嘉：美好。

[23] 鸱枭：猫头鹰一类的恶鸟。

译文：

桓公既已成就霸业，就在葵丘大会诸侯，还想要举行封禅大典。

管子说："古代封泰山祭天，禅梁父山祭地的有七十二家，而我所能记得的，不过十二家。古代的无怀氏封泰山祭天，禅云云山祭地。虙羲氏封泰山祭天，禅云云山祭地。神农氏封泰山祭天，禅云云山祭地。炎帝封泰山祭天，禅云云山祭地。黄帝封泰山祭天，禅亭亭山祭地。颛顼封泰山祭天，禅云云山祭地。帝喾封泰山祭天，禅云云山祭地。尧封泰山祭天，禅云云山祭地。舜封泰山祭天，禅云云山祭地。禹封泰山祭天，禅会稽山祭地。汤封泰山祭天，禅云云山祭地。周成王封泰山祭天，禅社首山祭地。他们都是上承天命，然后才得以举行封禅大典的。"

桓公说："我北伐山戎，经过孤竹国。西征大夏，渡过流沙河，扣紧马的缰绳，悬钩着车辆，才登上卑耳山。南进到了召陵，登上熊耳山来眺望长江、汉水。与各诸侯兵车之会有三次，乘车之会有六次，九合诸侯，一匡天下，各国诸侯都不敢违抗我。以前三代奉承天命吊民伐罪，与我的作为有什么不同呢？"

管仲看到不能用道理说服桓公，因而只好举出事实来，于是说："古代封禅时，需要鄗山上的黍，北里的禾，作为盛在祭器的供品。要用江淮之间出产的三脊茅草作为垫席。东海送来比目鱼，西海送来比翼鸟，此外，不召而至的东西还有十五种之多。现在的情况是凤凰、麒麟不来，象征祥瑞的嘉谷不生，那些无用的杂草蓬蒿、藜莠却很繁茂，那些鸱枭之类的凶禽恶鸟倒是常常飞来，像这样还想封禅，恐怕是不应该吧？"

于是桓公作罢。

解读：

自古以来，三皇五帝、各代明主都曾经举办过祭祀天地的封禅大典，无怀氏封泰山祭天，伏羲氏、神农氏、炎帝、黄帝、颛顼、帝喾、尧、舜、禹、汤也都曾封泰山祭天，只是祭地有所不同。在他们当政期间，生长着象征祥瑞的嘉谷和飞禽走兽，齐桓公做了霸主之后，也想仿效他们，举行封禅大典。

管仲却对齐桓公的这种想法进行了劝阻。管仲说，古时举行封禅大典的君主，盛在祭器里的是鄗山上的黍和北里长的禾；铺在地上作为垫席的是江淮之间特产的三脊茅草。东海送来比目鱼,西海送来比翼鸟。齐国现在的情况是凤凰麒麟不来,象征祥瑞的嘉谷不生,然而蓬蒿藜莠等杂草却很繁茂,鸱枭之类的凶禽恶鸟却不断来临,因此不应该举行封禅大典。

管仲帮助齐桓公分析齐国当时的状况和地位,劝齐桓公更加图强,使齐国更加强盛。他敢于向齐桓公说明当时齐国的不完善之处,才使齐桓公成为春秋首霸,并且使桓公一直称霸,直至去世。

5. 管仲论夏桀、商汤

题解:

这则故事出自《管子·轻重甲》篇。

《轻重甲》在《管子》书中属于"轻重篇"部分。轻重篇主要讲述《管子》的经济理论思想,也有部分内容涉及管仲对历代君主的评价。

原文:

桓公问管子曰:"夫汤以七十里之薄,兼桀之天下[1],其故何也?"

管子对曰:"桀者冬不为杠[2],夏不束栌[3],以观冻溺。弛牝虎充市[4],以观其惊骇。至汤而不然。夷竞而积粟[5],饥者食之,寒者衣之,不赡者振之,天下归汤若流水。此桀之所以失其天下也。"

桓公曰:"桀使汤得为是,其故何也?"

管子曰:"女华者[6],桀之所爱也,汤事之以千金。曲逆者[7],桀之所善也,汤事之以千金。内则有女华之阴,外则有曲逆之阳,阴阳之议合[8],而得成其天子。此汤之阴谋也。"

注释:

[1] 兼:兼并。

[2] 杠:独木桥,桥。

[3] 束栌:编木为筏,以供渡水。

[4] 弛:放。牝:雌。

[5] 竞:当为"竟",即古"境"字。夷竞:平治境内的道路。

[6] 女华:桀的宠妃。

[7] 曲逆:桀的大臣。

[8] 阴阳之议合:指女华、曲逆内外配合拥护商汤。

译文：

桓公问管仲说："商汤仅用七十里的'薄'这个地方，就兼并了桀的天下，其原因何在呢？"

管仲回答说："桀冬天不许百姓在河上架桥，夏天不许百姓在河里渡筏，来观赏人们受冻和被淹的状况。他把雌老虎放在街市上，观赏人们惊骇的情景。商汤则不是这样。商汤整修道路，收贮粮食，给饥饿的人饭吃，给挨冻的人给衣服穿，对贫困的人给予救济，天下百姓如流水一般归附商汤，这就是夏桀丧失天下的原因。"

桓公问："夏桀怎么致使商汤达到这种目的呢？"

管仲说："女华，是桀宠爱的妃子，汤用千金去收买她。曲逆，是桀亲近的大臣，汤也用千金收买他。宫内有女华的暗中相助，宫外则有曲逆在外面相助，女华、曲逆内外互相配合，而汤得以成为天子。这是商汤的机密策略。"

解读：

这里记载的故事，是商汤通过赈济百姓，收买夏桀的爱妃女华、宠臣曲逆，而获得天下的故事。关于这个故事，明代的学者赵用贤认为并不可信。赵用贤说："汤以至仁伐暴，何必如此？是战国阴阳之说，非管氏语也。"赵用贤认为商汤是仁人，不必用收买女华、曲逆的手段来做事。

6. 管仲论四民分业定居

题解：

文中故事出自《国语·齐语》，与《管子·小匡》相关章节内容非常接近。

原文：

桓公曰："成民之事若何？"

管子对曰："四民者，勿使杂处，杂处则其言咙[1]，其事易[2]。"

公曰："处士、农、工、商若何？"

管子对曰："昔圣王之处士也，使就闲燕[3]；处工，就官府；处商，就市井；处农，就田野。

令夫士，群萃而州处[4]，闲燕则父与父言义，子与子言孝，其事君者言敬，其幼者言弟。少而习焉，其心安焉，不见异物而迁焉。是故其父兄之教不肃而成[5]，其子弟之学不劳而能。夫是，故士之恒为士。

令夫工，群萃而州处，申其四时，辨其功苦[6]，权节其用[7]，论比协材[8]，旦暮从事，施于四方，以饬其子弟[9]，相语以事，相示以巧，相陈以功。少而习焉，其心安焉，不见矣物而迁焉。是故其父兄之教不肃而成，其子弟之学不劳而能。夫是，故工之子恒为工。

令夫商，群萃而州处，察其四时，而监其乡之资[10]，以知其市之贾，负、任、担、荷，服牛、轺马[11]，以周四方，以其所有，易其所无，市贱鬻贵，旦暮从事于此，以饬其子弟，相语以利，相示以赖，相陈以知贾。少而习焉，其心安焉，不见异物而迁焉。是故其父兄之教不肃而成，其子弟之学不劳而能。夫是，故商之子恒为商。

令夫农，群萃而州处，察其四时，权节其用，耒、耜、枷、芟[12]，及寒，击菒除田[13]，以待时耕；及耕，深耕而疾耰之[14]，以待时雨。时雨既至，挟其枪、刈、耨、镈[15]，以旦暮从事于田野。脱衣就功，首戴茅蒲[16]，身衣被襏[17]，沾体途足，暴其发肤，尽其四支之敏，以从事于田野。少而习焉，其心安焉，不见异物而迁焉。是故其父兄之教不肃而成，其子弟之学不劳而能。夫是，故农之子恒为农，野处而不昵[18]。其秀民之能为士者，必足赖也。有司见而不以告，其罪五。有司已于事而竣[19]。"

注释：

[1] 咙：杂乱。

[2] 易：变化。

[3] 闲燕：清静。

[4] 萃：集。州：聚。

[5] 肃：疾，迅速。

[6] 辨：区别。功：牢固。苦：脆弱。

[7] 权：平均。

[8] 论：选择。比：比较。协：和。

[9] 饬：教育。

[10] 监：观察。资：财物。

[11] 服牛：指牛车。轺马：马车。

[12] 耒、耜：农具。枷：连枷，打谷用的农具。芟：大镰刀。

[13] 菒：枯草。

[14] 櫌：平整田地用的一种农具，这里指用櫌平整田地。

[15] 枪：长柄掘土用的农具。刈：镰刀。耨：手锄。镈：锄头一类的农具。

[16] 茅蒲：斗笠。

[17] 襏襫：蓑衣。

[18] 昵：亲近。

[19] 竣：完成，结束。

译文：

桓公问："如何促使百姓各司其业？"

管仲回答说："士、农、工、商这些民众，不要让他们混合居住。住在一起就会议论纷纷，容易使事情产生变动。"

桓公问："如何安置士、农、工、商四种人的居住区域呢？"

管仲回答说："从前圣王安置士人，叫他们住在清静的地方；安置手工业者，叫他们住在官府；安置商人，叫他们住在街市；安置农民，叫他们住在田野。

叫那些士人聚集在一起居住，闲居无事的时候，父老之间谈论对人要讲信义，子弟之间谈论对父母要孝顺，臣子之间谈论对国君要恭敬，年少的谈论对兄长要尊敬。年少时就学习礼义，他们的思想就安定了，不再见异思迁。所以父兄对子弟的教诲不必经过严肃督促便能完成，子弟的学习不费力气就能学好。这样，士人的子弟就总还是保持士的身份。

让工匠们聚集在一起居住，根据季节的不同安排生产，辨别器用质量的精粗美丑，估量它们的用途，选用材料时要比较其中的好坏并使它恰到好处。他们从早到晚做这些事，把产品销往各地，用这些教诲他们的子弟，互相谈论做的事情，互相交流做工技巧，互相展示做工的成果。他们从小就受到这种熏陶，会思想稳定，不会见异思迁。所以父兄对子弟的教育不用经过严格督促就很有成效，子弟的学习不费力就能牢固掌握。这样，工匠的后代就永远是工匠。

让商人聚集在一起居住，根据四时节气的变化，观察本地货源状况，以掌握市场行情。商人们或背负肩挑，或用笨重的牛车、轻便的马车拉，把货物运往四方，用自己有的东西，换取自己没有的东西，低价买进高价卖出。商人们一天到晚做这些事情，用实际行动教育影响后代。他们互相谈论生财之道，互相交流赚钱经验，互相展示经营技巧。商人的后代从小受到这种熏陶，他们的思想就会安定，不再见异思迁。所以父兄对子弟的教诲不用经过严肃的督促便能完成，子弟的学习不费力气就能学好。这样，商人的后代就永远是商人。

让农民聚集在一起生活,仔细观察四季的变化,综合考虑农事需要,准备好耒、耜、枷、镰这些农具。到大寒之后,要除掉田里枯草清理田地,以等待春耕的到来。到了耕种季节,深耕后立即把土耙平,等待春雨。春雨下过以后,带着枪、镰、大小锄头,从早到晚在田里干活。劳动时脱去上衣,头戴斗笠,身披蓑衣,全身湿透,双脚泥泞,毛发皮肤暴露在烈日风寒之中,竭尽全力地在田里劳作。农夫之子从小学习务农,他们的思想就安定了,不再见异思迁。因此父兄对子弟的教诲不用督促就很有成效,子弟的学习不费力气就能学好。这样,农夫的后代永远是农夫。他们居住在郊野,不会沾染恶习。他们中有政治才能的优秀者,必然值得信任和托付。主管的官员知道这样的人才而不向朝廷禀报荐,他的罪行在五刑之列。完成这样责任的官员才算称职。"①

解读:

管仲为相之后,对齐国的国家管理制度进行了进一步完善与改革。此节主要讲述了管仲针对齐桓公提出的"如何促使百姓各司其业"的问题,建议齐国实施士、农、工、商四民按照职业,划分居住区居住的管理办法。

在这里,管仲主要论述了士、农、工、商分业定居,还有四民发展的问题。管仲认为,要推动社会发展,提高士、农、工、小摊贩、大商人的职业水平,首先要做到同一种职业的人在一个居住区居住。同行业的人居住在一起,有利于交流经验,取长补短,有利于提升本行业的整体水平。分业定居、世代行业相承的思想,有利于国家的统一管理和社会生产力的迅速提高,而达到国富兵强的目的。历史证明,四民分业定居的政策,具有良好的社会效果,为齐国的富国强兵做出了重要贡献。

管仲非常重视农业生产,也重视工商业,这既有齐国建国时期齐太公订立的"通工商之业,便渔盐之利"的传统基础,也有管仲为相时期的新政策的拓展。从《管子》轻重部分中,可以很清楚地看出管仲对农业、工商业的重视。管仲的名言"仓廪实则知礼节,衣食足则知荣辱"可以看出管仲对物质生活和精神生活的重视,从这个角度讲,管仲确实站在了时代的前列,他的政策、思想,也深刻影响了后人。

---

① 张永祥译注《国语译注》,北京联合出版公司 2015 年版,第 125～127 页。

7. 管仲任命众多官员

题解：

这则故事出自《管子·小匡》。

原文：

桓公曰："甲兵大足矣，吾欲从事于诸侯，可乎？"

管仲对曰："未可。治内者未具也，为外者未备也。"

故使鲍叔牙为大谏[1]，王子城父为将，弦子旗为理[2]，宁戚为田[3]，隰朋为行[4]，曹孙宿处楚[5]，商容处宋，季友处鲁，徐开封处卫，匽尚处燕，审友处晋。

又游士八十人，奉之以车马衣裘[6]，多其资粮，财币足之，使出周游于四方，以号召收求天下之贤士。饰玩好[7]，使出周游于四方，鬻之诸侯[8]，以观其上下之所贵好[9]，择其沈乱者而先政之[10]。

注释：

[1] 大谏：谏官。

[2] 理：法官。

[3] 田：司田，管理农业的官。

[4] 行：行人，官名。

[5] 处：驻，即以使节的身份长驻。

[6] 奉：供应。

[7] 玩好：供玩乐观赏的器物。

[8] 鬻：卖。

[9] 贵好：爱好，嗜好。

[10] 沈：通"淫"。政：同"征"。

译文：

桓公说："武器已经充足了，我想要干预诸侯的事务，可以了吧？"

管仲回答说："不可以。治理内政的人选不够，从事外交的人选也不齐全。"

于是委任鲍叔牙为大谏，王子城父为将，弦子旗为理狱官，宁戚为田官，隰朋为负责诸侯事务官，曹孙宿驻楚国，商容驻宋国，季友驻鲁国，徐开封驻卫国，匽尚驻燕国，审友驻晋国。又派出游士八十人，供给他们车马衣裘，多带物资粮食,钱财也很充足,让他们周游四方,以号召和搜求天下的贤士。还带上玩乐物品周游四方,卖给各国诸侯,以了解诸侯国上下的嗜好,选择昏乱的君主先行征讨。

解读:

齐桓公采纳了管仲的建议,并逐步予以实施,经过艰苦努力,终于攘夷狄、存邢卫,抑强楚,"九合诸侯,一匡天下",成为春秋第一位霸主。

管仲对齐桓公提出的问题,进行了详细阐述。齐桓公以甲兵大足,问是否可以干预诸侯事务时,管仲认为还需要治理内政,建议齐桓公任用鲍叔牙、王子城父、弦子旗,宁戚来整顿内政,发展同诸侯国之间的关系。

8. 管仲与桓公论治国

题解:

这则故事出自《管子·小匡》。

原文:

初,桓公郊迎管子而问焉。

管仲辞让,然后对以参国伍鄙[1],立五乡以崇化[2],建五属以厉武[3],寄兵于政,因刑罚备器械[4],加兵无道诸侯,以事周室。

桓公大说[5],于是斋戒十日,将相管仲[6]。

管仲曰:"斧钺之人也[7],幸以获生,以属其腰领[8],臣之禄也[9]。若知国政[10],非臣之任也[11]。"

公曰:"子大夫受政[12],寡人胜任。子大夫不受政,寡人恐崩[13]。"

管仲许诺,再拜而受相[14]。

三日,公曰:"寡人有大邪三[15],其犹尚可以为国乎[16]?"

对曰:"臣未得闻。"

公曰:"寡人不幸而好田[17],晦夜而至禽侧[18],田莫不见禽而后返[19]。诸侯使者无所致,百官有司无所复。"

对曰:"恶则恶矣,然非其急者也。"

公曰:"寡人不幸而好酒,日夜相继,诸侯使者无所致,百官有司无所复。"对曰:"恶则恶矣,然非其急者也。"

公曰:"寡人有污行[20],不幸而好色,而姑姊有不嫁者[21]。"

对曰:"恶则恶矣,然非其急者也。"

公作色曰[22]:"此三者且可[23],则恶有不可者矣[24]!"

对曰:"人君唯偃与不敏为不可[25]。偃则亡众[26],不敏不及事[27]。"

公曰:"善。吾子就舍[28],异日请与吾子图之[29]。"

对曰:"时可将与夷吾[30],何待异日乎?"

公曰:"奈何?"

对曰:"公子举为人博闻而知礼,好学而辞逊[31],请使游于鲁,以结交焉。公子开方为人巧转而兑利[32],请使游于卫,以结交焉。曹孙宿,其为人也,小廉而苟伏[33],足恭而辞结[34],正荆之则也[35],请使往游,以结交焉。"

遂立行三使者而后退[36]。

注释:

[1] 参国伍鄙:指把国都划为三部分,把国都以外划分为五部分,而进行治理的制度。

[2] 崇化:尊崇教化。

[3] 厉武:治理军队。

[4] 因:借助。

[5] 说:同"悦",高兴。

[6] 相:任命为相。

[7] 斧钺:兵器,这里做动词。

[8] 属:连接。

[9] 禄:福。

[10] 知:管理。

[11] 任:胜任。

[12] 子:您,尊称。

[13] 崩:垮台。

[14] 受:接受。

[15] 大邪:大的缺点。邪:邪行,恶行。

[16] 其:疑问副词。犹尚:还。

[17] 田:田猎。

[18] 晦夜:黑夜。晦:黑暗不明。禽侧:指禽鸟住宿的地方。

[19] 莫:通"暮",傍晚。

[20] 污行:污秽的行为。

[21] 姊:姐姐。

[22] 作色:变脸色。

[23] 且:尚且。

[24] 恶:何,什么。

[25] 僾:隐约,仿佛。《说文·人部》:"僾,仿佛也。"敏:敏捷。

[26] 亡:失。

[27] 及:成就。

[28] 就舍:回到住所。

[29] 图:谋划,计议。

[30] 时:此时。

[31] 辞逊:言辞谦逊。

[32] 巧转:机灵,灵活。兑利:锐利。兑:通"锐"。

[33] 廉:明察。苛忕:能适应各种习惯。苛:繁。忕:习惯。

[34] 辞结:善于言辞。

[35] 正:正好符合。

[36] 遂:于是。行:派出。

译文:

当初桓公郊迎管仲时曾向管仲请教。

管仲最初辞让,然后谈出了建立三国五鄙的谋略,立五乡以尊崇教化,建五属以厉行武事,将兵备寄寓于内政,利用刑罚置备兵器,征伐无道诸侯以事奉周室。

桓公非常满意。于是斋戒十日,准备任命管仲为相。

管仲说:"我是一个有大罪的人,幸得免死,使腰颈相连,就算我的福气了。至于国家大政,不是我能担任的。"

桓公说:"你接受国家政事,我就能当好国君。你不接受,我怕要垮台。"

管仲答应下来,再拜而接受相位。

过了三天,桓公说:"我有三大缺点,还能把国家治理好吗?"

管仲说:"我还没有听说过。"

桓公说:"很不幸,我嗜好打猎,暗夜里还要到禽鸟的栖息地,直到不见禽鸟才回来。诸侯的使节不能当面致意,百官也不能当面报告。"

管仲说:"这不是好事,但还不是最要紧的。"

桓公说:"我不幸嗜好饮酒,日以继夜,诸侯的使节不能当面致意,百官也不能当面报告。"

管仲说:"这也不是好事,但还不是最要紧的。"

桓公说:"我还有一件污秽的行为,就是不幸好色,连表姐都有不嫁于人的。"

管仲答道:"这也不是好事,但还不是最要紧的。"

桓公变了脸色说:"这三者都可以,难道还有什么不可以的事情吗?"

管仲答道:"人君唯有优柔寡断和不聪明敏捷为不可。优柔寡断则无人拥护,不聪明敏捷则不能成就事业。"

桓公说:"好。你先回去,改日再来详谈。"

管仲说:"现在就可以和我谈,何必改天谈呢?"

桓公说:"那该怎么做呢?"

管仲说:"公子举见闻广博而知礼,好学而语言谦逊,请派他出使鲁国,以结邦交。公子开方为人灵活聪敏,可出使卫国,以结邦交。曹孙宿的为人有小廉而苛察,十分谦恭而善于辞令,正与荆楚的习俗相宜,请派他到那里去,以结邦交。"

于是立刻派出了三位使者,然后管仲才告退。

解读:

齐桓公即位后,能礼贤下士,任人唯贤,他不计较管仲曾伤害过他的前仇,恳请管仲为相,说若管仲不任相他就不当国君,管仲终于答应了他。齐桓公当政其间,管仲为相,宁戚、鲍叔牙等人为大夫。他们辅佐齐桓公,出谋划策,改革内政,终于称霸天下。成大业需要上有明君,下有能相,相互共勉才可以。齐桓公自认有坏毛病在身,恐危及国家统治,想与管仲一起讨论。

齐桓公初上任,对为君之道还不熟悉,对自己的短处还不明了,他说出了自己的三大不好习惯:好田猎、好酒、好色。管仲却认为这三恶都不是大恶。作为君主,优柔寡断和不聪明敏捷才真正不好。桓公赞同管仲的观点,想与管仲改日再讨论,管仲建议当时就要有所举措,然后推荐了公子举,公子开方,曹孙宿三人去结交诸侯各国。管仲用人所长,针对不同诸侯国的特点,派遣适合于不同诸侯国的使臣,使人各尽所能、各司其职。

9. 管仲与桓公论百官

题解：

这则故事出自《管子·小匡》。

原文：

相三月，请论百官[1]。

公曰："诺。"

管仲曰："升降揖让[2]，进退闲习[3]，辨辞之刚柔，臣不如隰朋，请立为大行[4]。垦草入邑[5]，辟土聚粟[6]，多众，尽地之利，臣不如宁戚，请立为大司田。平原广牧[7]，车不结辙[8]，士不旋踵[9]，鼓之而三军之士视死如归，臣不如王子城父，请立为大司马。决狱折中[10]，不杀不辜[11]，不诬无罪，臣不如宾胥无，请立为大司理。犯君颜色，进谏必忠[12]，不辟死亡[13]，不挠富贵[14]，臣不如东郭牙，请立以为大谏之官。此五子者，夷吾一不如[15]。然而以易夷吾[16]，夷吾不为也[17]。君若欲治国强兵，则五子者存矣。若欲霸王，夷吾在此。"

桓公曰："善。"

注释：

[1] 论：评论。

[2] 揖让：有礼节。

[3] 闲：通"娴"，熟悉，熟练。

[4] 大行：接待宾客的官吏。

[5] 垦草：开垦荒地。

[6] 辟：开发。

[7] 牧：郊外。

[8] 结辙：车辙交错，指阵列混乱。

[9] 旋踵：旋转脚后跟后退。

[10] 决狱：断案。折中：公正平允。

[11] 辜：罪，罪过。

[12] 谏：谏诤，规劝。

[13] 辟：通"避"，躲避。

[14] 挠：屈服。

［15］一不如：一个也比不上。

［16］易：交换。

［17］不为：不干。

译文：

管仲为相三月，要求与桓公共同评论百官。

桓公说："好。"

管仲说："升降揖让有礼，进退符合礼节，说话刚柔相济，我不如隰朋，请任命他为大行。开荒建城，垦地积粮，增加人口，从土地上尽量多获收益，我不如宁戚，请任命他为大司田。在广阔的原野上使战车不乱，战士不退，擂鼓指挥而三军将士视死如归，我不如王子城父，请任命他为大司马。审案合理，不杀害无辜者，不冤枉无罪者，我不如宾胥无，请任命他为大司理。敢于冒犯君主，进谏必忠，不避死亡，不图富贵，我不如东郭牙，请任命他为大谏。这五位，我一个都比不上，但用来换我管夷吾，我不会干。君上如果想治国强兵，有这五位就行了。如果想图霸王之业，则要靠管夷吾了。"

桓公说："好啊！"

解读：

齐桓公即位后，急于称霸，内政不修却屡兴兵革。在管仲的要求下和一连串的碰壁后，他才对外修好，对内尊贤爱才，致力于国事。为了更好地用人，发挥人才的作用，管仲与桓公讨论用人的原则。管仲肯定了隰朋处事得当，辩词刚柔相济，齐桓公任命他为大行。宁戚谙熟农田事工，管仲建议齐桓公任他为大司田。王子城父骁勇善战，建议齐桓公任命他为大司马。宾胥无明察秋毫，判决公允，建议齐桓公任命他为大司理。东郭牙敢于进忠言，不怕杀身之祸，建议齐桓公任命他为大谏官。这五个人各司其职，各有所长，能够帮助齐桓公富国强兵。管仲虽然在某一方面赶不上他们五位，但综合起来却比他们强。齐桓公要称霸，非用管仲不可。后来的事实证明了管仲对这五位大臣和自己能力的评估的准确性，对他们的委任也是合适的。管仲"任人所长"的原则，得到人们的称赞。

10. 管仲讲啧室之议

题解:

这则故事出自《管子·桓公问》。

原文:

齐桓公问管子曰:"吾念有而勿失[1],得而勿忘[2],为之有道乎[3]?"

对曰:"勿创勿作[4],时至而随[5]。毋以私好恶害公正[6],察民所恶,以自为戒。黄帝立明台之议者[7],上观于贤也。尧有衢室之问者,下听于人也[8]。舜有告善之旌,而主不蔽也。禹立谏鼓于朝[9],而备讯唉[10]。汤有总街之庭[11],以观人诽也[12]。武王有灵台之复[13],而贤者进也。此古圣帝明王所以有而勿失,得而勿忘者也。"

桓公曰:"吾欲效而为之,其名云何?"

对曰:"名曰啧室之议[14]。曰法简而易行[15],刑审而不犯,事约而易从[16],求寡而易足。人有非上之所过[17],谓之正士[18]。内于啧室之议,有司执事者,咸以厥事奉职[19],而不忘为此啧室之事也。请以东郭牙为之[20],此人能以正事争于君前者也。"

桓公曰:"善。"

注释:

[1] 念:思虑。失:失去,丧失。

[2] 忘:通"亡",失去。

[3] 道:方法。

[4] 创:开创。作:兴起。

[5] 时:时机。随:顺应,跟随。

[6] 私:个人。

[7] 明台:传说中黄帝设立的议论政事的场所。

[8] 衢室:建于大街通衢之上的房屋,用于听取百姓的意见。人:指平民百姓。

[9] 谏鼓:立于朝堂之上,臣民百姓进谏时敲击的鼓。

[10] 讯:告。

[11] 总街之庭:设于街区中心,听取臣民意见的场所。

[12] 诽:指责过失。

［13］复：谏言，建议。

［14］喷室：多人集议之处。喷：人声嘈杂。

［15］曰：就是说。

［16］事：政事。约：简要。

［17］非：非议。

［18］正士：正直之士。

［19］咸：全都。厥：其。奉职：恪尽职守。

［20］东郭牙：齐大夫。为：从事，主管。

译文：

　　齐桓公问管仲说："我希望常有现在所拥有的而不失去，一直得到现在所得到的而不亡，有办法做到吗？"

　　管仲回答道："不标新立异，时机成熟再随而行事。不以个人好恶而损害公正，而要了解民众所厌恶的东西，自己引以为戒。黄帝建立明台的咨议制度，就是为了从高层了解贤者的看法。尧实行衢室的询问制度，也是为了从下面听取人们的呼声。舜有号召进谏的旌旗，君主就不受蒙蔽。禹把谏鼓立在朝堂上，可以准备人们上告。汤有总街的厅堂，可以搜集人们的议论。周武王有灵台的报告制度，贤者都得以进用。这就是古代圣帝明王能够常有天下而不失，常得天下而不亡的原因。"

　　桓公说："我想效法他们实行这种制度，应该叫什么名字？"

　　管仲回答："可称作'喷室之议'。就是说法度要简易可行，刑罚要审慎而无犯，政务要精简而易从，征赋要少而容易办到。人们有批评君主过失的，应称之为正直之士，将其意见纳入'喷室之议'来处理。负责办事的官员都要把受理意见作为本职工作，而不许遗忘。这'喷室之议'的工作，请派东郭牙主管。东郭牙能为维护正义而在君主面前力争。"

　　桓公说："好"。

解读：

　　齐桓公希望自己能常有国而不失，问管仲应该怎么做。管仲说，在古代，黄帝建立了明台的咨询制度，尧实行衢室的询问制度，舜有号召进谏的旌旗，禹把谏鼓立在朝堂上，汤有总街的厅堂，周武王有灵台的报告制度，圣帝明主可搜集贤士的意见和听取人们的呼声，使得自己不受蒙蔽。

　　管仲建议齐桓公仿效古代贤王，建立纳谏的制度，即"喷室之议"。主张国家法度要简而易行,刑罚要审慎以使无人犯罪,政事要简而易从,征税要少而容易完成。有人在这些方面提出君主过失的,堪称"正士",应将其意见纳入"啧室之议"。负责办事的人员,都要把受理此事作为本职工作,而不许有所遗忘。最后,管仲建议齐桓公任用东郭牙来管理此事,认为他能够为正事而在君主面前力争的。齐桓公对管仲的意见十分赞赏。

管仲从国家利益出发,引经据典,追溯历史,为齐桓公设计了"啧室之议"的制度,还推荐贤臣东郭牙。齐桓公正是接纳了管仲的建议,励精图治,才取得了春秋首霸的地位,做到了九合诸侯,一匡天下,不以兵车。

二 经济类故事

　　管仲辅助齐桓公"九合诸侯,一匡天下",除了因为高举"尊王攘夷"的旗帜之外,齐国的强大经济对齐桓公的称霸起到了重要的作用。管仲的经济思想非常有特点,对汉代之后的国家经济管理也产生了很大影响。

　　管仲的经济类故事,虽然先秦至西汉的典籍多有记载,但是记录这类故事最多的是《管子》的轻重篇部分。《管子》轻重篇中的经济类故事非常生动活泼,便于阅读。有些学者认为这些经济类故事可能不是管仲的真实故事,但是表达了管仲的经济思想与经济观念。

1. 管仲论积蓄粮食

题解:

　　这则故事出自《管子·事语》。《事语》在《管子》中属于"轻重篇"部分,主要讲述《管子》的经济思想。

原文:

　　桓公又问管子曰:"佚田谓寡人曰:'善者用非其有,使非其人,何不因诸侯权以制天下[1]?'"

　　管子对曰:"佚田之言非也。彼善为国者,壤辟举则民留处[2],仓廪实则知礼节。且无委致围[3],城肥致冲[4]。夫不定内[5],不可以持天下[6]。佚田之言非也。"

　　管子曰:"岁藏一,十年而十也。岁藏二,五年而十也。谷十而守五,绨素满之[7],五在上。故视岁而藏[8],县时积岁[9],国有十年之蓄。富胜贫,勇胜怯,智胜愚,微胜不微[10],有义胜无义,练士胜驱众[11]。凡十胜者尽有之[12]。故发如风雨,动如雷霆,独出独入,莫之能禁止[13],不待权与[14]。故佚田之言非也。"

　　桓公曰:"善。"

注释:

[1] 因:凭借。制:控制。

[2] 辟:开垦。举:充分,尽。

[3] 委:积蓄。

[4] 肥:通"胜",脆,薄弱。冲:冲车,用于攻城。

[5] 定内:安定内部。

[6] 持:掌握。

[7] 绨素:据丁士涵说,读为"夷疏",剪取菜蔬。

[8] 视:看,根据。

[9] 县:同"悬",坚持,积累。

[10] 微:隐蔽,保守机密。

[11] 练士:经过训练的战士。驱众:没有经过训练的乌合之众。

[12] 十:全。

[13] 止:阻挡。

[14] 权与:盟国。

译文:

　　桓公又问管仲说:"伏田对我说:'善于治国的人,能够运用不归他所有的资财,使用不归他所有的人力,为什么不利用诸侯国的力量,来控制天下呢?'"

　　管子答道:"伏田的话不对。善于治国的人,开垦土地,留住人民,仓廪粮食充裕,人民就懂得礼节。况且国无积蓄会被敌人围困,城防薄弱会受敌人冲击。内部不安定,就不可能控制天下。伏田的话是不对的。"

　　管子接着说:"每年贮备一成的粮食,十年就是十成。每年贮存二成的粮食,五年就是十成。每年的粮食由国家掌握十分之五,其他的用蔬菜来补足百姓食用,国家就可以保存五成的粮食。这样,根据年成来贮备,积年累月,国家若有十年的积蓄,就可以做到以富胜贫,以勇胜怯,以智胜愚,以谋事严密胜不严密,以有义胜不义,以训练有素胜乌合之众,这样百战百胜的条件都具备了,就能发兵如风雨,动作如雷霆,独出独入,无人能阻挡,根本不需要凭借其他诸侯国的帮助。所以伏田的话是不对的。"

　　桓公说:"好。"

解读:

　　发展农业,积蓄粮食,是战争胜利的关键。当丰收之际,国家要将粮食的十分之一贮藏起来,十年以后,就能达到十成的存粮。如果每年蓄藏二成的话,五年就达到十成。每年的存粮拿出五成作用调节,不够的话就用蔬菜等来补足,剩下的五成则完全由政府控制。长此以往,国家就会拥有丰富的储粮,为战争胜利奠定雄厚的物质基础。①

---

① 　郭浩《管子品读》,山东大学出版社 2016 年版,第 419 页。

2. 管仲论官山海

题解：

这则故事出自《管子·海王》。《海王》在《管子》中属于"轻重篇"部分。

原文：

桓公曰："何谓官山海？"

管子对曰："海王之国，谨正盐策[1]。"

桓公曰："何谓正盐策？"

管子对曰："十口之家十人食盐，百口之家百人食盐。终月[2]，大男食盐五升少半[3]，大女食盐三升少半[4]，吾子食盐二升少半[5]。此其大历也[6]。盐百升而釜[7]。今盐之重升加分强[8]，釜五十也。升加一强，釜百也。升加二强，釜二百也。钟二千[9]，十钟二万，百钟二十万，千钟二百万。万乘之国，人数开口千万也[10]。禺策之[11]，商日二百万[12]，十日二千万，一月六千万。万乘之国正九百万也。月人三十钱之籍，为钱三千万。今吾非籍之诸君吾子[13]，而有二国之籍者六千万。使君施令曰'吾将籍于诸君吾子'[14]，则必嚣号[15]。今夫给之盐策，则百倍归于上，人无以避此者，数也。

"今铁官之数曰[16]：一女必有一针一刀[17]，若其事立[18]。耕者必有一耒一耜一铫[19]，若其事立。行服连轺辇者[20]，必有一斤一锯一锥一凿[21]，若其事立。不尔而成事者[22]，天下无有。今针之重加一也，三十针一人之籍。刀之重加六，五六三十，五刀一人之籍也。耜铁之重加七，三耜铁一人之籍。其余轻重[23]，皆准此而行[24]。然则举臂胜事[25]，无不服籍者。"

注释：

[1] 谨：谨慎，重视。正："征"，征税。策：政策。

[2] 终月：一个月。

[3] 大男：成年男子。五升少半：五升多一点。

[4] 大女：成年女子。

[5] 吾子：小孩。

[6] 大历：大概数字。

[7] 百升而釜：一百升为一釜。釜：古量器。

[8] 分：半。强：通"镪"，穿钱的绳，指钱的计量单位，如后来的"贯"。

[9] 钟：量器，十釜为钟。

[10] 开口：指开口吃饭的人。

[11] 禺策之：谓合而算之。禺：通"偶"，合。策：计算。

[12] 商：约计。尹知章注："商，计也。"《汉书，沟洫志》："皆明计算，能商功利。" 颜师古注："商，度也。"

[13] 诸君：指成年男女。

[14] 使：假如。施令：发令。

[15] 嚣号：喧闹，号叫。

[16] 铁官：主管经营铁业的机构。数：方法，办法。

[17] 刀：剪刀。

[18] 若：如此，这样。

[19] 耒：古代一种可以脚踏的木制翻土农具。耜：古代的农具，用于翻土。铫： 大锄。

[20] 行服：从事，修造。连：通"辇"，人拉的车。軺：轻便的小车。輂：古代马拉 的大车。

[21] 斤：斧。锥：铁锥，用以钻洞。凿：凿子，用以凿孔。

[22] 尔：如此，这样。

[23] 轻重：价格的高低。

[24] 准：按照，仿照。

[25] 举臂：举手，指拿工具。胜：承担。

译文：

　　桓公说："什么叫国家专营山海资源？"

　　管子答道："靠海的资源成就王业的国家，要慎重运用征税于盐的政策。"

　　桓公问："什么是征税于盐的政策？"

　　管子答道："十口之家就有十口人吃盐，百口之家就有百人吃盐。一个月，成年男子吃盐近五升半，成年女子吃盐近三升半，小孩吃盐近二升半。这是大概的数字。盐一百升为一釜。如果将盐的价格每升加半钱，一釜可增收五十钱。每升加一钱，一釜可增收一百钱。每升加二钱，一釜可增收二百钱。这样，一钟等于十釜，就多收二千，十钟就是二万，百钟二十万，千钟就是二百万。一个万乘的大国，人口总数千万人。合计起来，估计每天可收盐价的盈利是二百万钱，十天二千万，一月可得六千万元。一个万乘的大国，应征人口税的人数为一百万人,每月每人征税三十钱,总数才不过三千万。如今我们不需直接向大人小孩征税,就有相当于两个大国的六千万税收。假使国君发令说:我将要对大人小孩征人口税了,那一定会引起抗议。现在从盐价上取得收入,即使百倍的利税归于君主,人们也无法逃避,这就是理财之道。

如今铁的官营办法表明,每一个妇女必须要有一根针、一把剪刀,然后才能干她的针线活。每一个耕者必须有一把耒、一把耜、一把大锄,然后才能做他的农活。每一个修造车辆的工匠,必须有一斧、一锯、一锥、一凿,然后才能做他的事。不具备工具而能做事的,天下没有。如果每根针的价格增加一钱,三十根针的加价收入就等于一个人所纳的人口税。每把剪刀加价六钱,五六三十,五把剪刀的加价收入就等于一个人所纳的人口税。每把耜铁加价七钱,三把耜铁的加价收入就等于一个人所纳的人口税。其余铁器的价格高低,均可比照这种方法执行。那么,只要人们动手干活,都要负担他们干活所需的税收。"

解读:

此节的核心是齐国的"官山海"政策。政府通过盐、铁专卖政策,进行垄断销售,获取巨额利润。政府通过盐铁专卖,可将赋税加到盐铁价格之中,寓税于价,化税于无形。这种征税方式更为隐蔽、有效。因为盐、铁在人们生产、生活中不可或缺,需求弹性较小。盐、铁受到原料产地的限制,对技术要求较高,老百姓很难进行自我生产,必须仰仗于市场的供给。管仲主张通过提高盐价来获取巨额利润,即政府积极进入流通领域,控制盐的销售,制定垄断价格,来牟取暴利。将盐铁官营的获利额与人头征税额进行横向比较,发现盐铁专卖不仅获利更多,而且隐蔽性强,百姓很难规避、逃税。

3. 管仲论官天财

题解:

这则故事出自《管子·山国轨》。《山国轨》在《管子》中属于"轻重篇"部分。

原文:

桓公问于管子曰:"不籍而赡国[1],为之有道乎[2]?"

管子对曰:"轨守其时,有官天财[3],何求于民。"

桓公曰:"何谓官天财?"

管子对曰:"泰春,民之功繇[4]。泰夏,民之令之所止,令之所发。泰秋,民令之所止,令之所发。泰冬,民令之所止,令之所发。此皆民所以时守也[5],此物之高下之时也[6],此民之所以相并兼之时也。君守诸四务[7]。"

桓公曰:"何谓四务?"

管子对曰:"泰春,民之且所用者[8],君已廪之矣[9]。泰夏,民之且所用者,君已廪之矣。泰秋,民之且所用者,君已廪之矣。泰冬,民之且所用者,君已廪之矣。泰春功布日[10],春缣衣[11],夏单衣,捍宠累箕胜籝屑稷[12],若干日之功,用人若干。无赀之家[13],皆假之械器胜籝屑稷公衣。功已而归公[14],衣折券[15]。故力出于民,而用出于上。春十日不害耕事[16],夏十日不害芸事[17],秋十日不害敛实[18],冬二十日不害除田[19]。此之谓时作[20]。"

桓公曰:"善。"

注释:

[1] 籍:征收赋税。赡国:使国家富足。赡:足。

[2] 道:方法。

[3] 有:又。官:同"管",管理。天财:自然资源。

[4] 之:至,从事。功:农业生产。繇:徭役。

[5] 此:这时。守:控制。

[6] 高下:价格涨落,高下起伏。

[7] 诸:之于。

[8] 且:将。

[9] 廪:贮存。

[10] 布:布置,安排。

[11] 缣衣:夹衣。缣:双层。

[12] 捍:同"杆",木杆、竹竿之类。宠:当为"笼",竹筐,据刘绩补注本改。累:通"蔂",盛土的器具。箕:畚箕。胜:当"縢",口袋,据张佩纶说改。籝:一种大竹笼。屑:当为"筲",竹器,据张佩纶说改。稷:捆谷物的绳子。

[13] 赀:同"资",资产。

[14] 已:停止,完毕。

[15] 折券:毁掉借时所立契约。

[16] 害:妨碍。

[17] 芸:通"耘",锄地。

[18] 敛实:收获谷物。

[19] 除田:修整农田。除:治。

[20] 时作:按时劳作。

译文:

桓公问管仲说:"不收税而满足国家财用有办法吗?"

管仲回答说:"只要适时把握统计规划,又管好自然资源,何必向民众征税?"

桓公说:"什么叫管好自然资源?"

管仲回答说:"当春之时,民宜耕地,服役。夏天就要明令规定何时禁止、何时开发山泽;秋天要明令规定何时禁止、何时开发山泽;冬天也都要明令规定何时禁止、何时开发山泽,这都是农夫需要把握的农时,也是万物价格高下起伏之时,还是民间贫富兼并之时。君主一定要掌握'四务'"。

桓公说:"什么叫'四务'?"

管仲回答说:"当春之时,民众将要用的东西,国家已有储备。当夏之时,民众将用的东西,国家已经储备。当秋之时,民众将用的东西,国家已经储备。当冬之时,民众将用的东西,国家已经储备。当春,施工之时,就备好春天的夹衣,夏天的单衣,竿子、筐子、盛土的器具、畚箕、口袋、大筐、竹盒、草绳等物品,同时计算出工作日为多少,每天需用劳力多少。对那些贫苦无资的农民,借给他们农具及口袋、筐子、竹盒、草绳、公衣等,及施工完毕,则作价归偿并毁掉租借时所立的券契。这样,劳力出自农民,器用出自国家。春季最关键的十天不误耕种,夏季最关键的十天不误除草,秋季最关键的十天不误收获,冬季最关键的二十天不误整治田土,这就叫作按照农时劳作。"

桓公说:"好!"

解读:

"力出于民,而用出于上",指农夫出力,政府竭力保障农民所用,这准确地定位了农夫与政府的关系。此节又提出轻重论的根本目的,是"不籍而赡国",就是必须保障政府获利。实际上,轻重论在大多数情况下,将政府定位在"经济人"的角色,始终推演着百姓、大家、政府三方博弈的关系。

4. 管仲论权数

题解：

这则故事出自《管子·山权数》。《山权数》在《管子》中属于"轻重篇"部分。

原文：

桓公问管子曰："请问权数[1]。"

管子对曰："天以时为权，地以财为权，人以力为权，君以令为权。失天之权，则人地之权亡。"

桓公曰："何为失天之权则人地之权亡[2]？"

管子对曰："汤七年旱，禹五年水，民之无檀卖子者[3]。汤以庄山之金铸币，而赎民之无檀卖子者。禹以历山之金铸币，而赎民之无檀卖子者。故天权失[4]，人地之权皆失也。故王者岁守十分之参，三年与少半成岁[5]。三十一年而藏十一年，与少半藏三之，一不足以伤民，而农夫敬事力作[6]，故天毁埊凶旱水泆[7]，民无入于沟壑乞请者也[8]。此守时以待天权之道也[9]。"

桓公曰："善。"

注释：

[1] 权数：变通的方法，这里指运用变通的手段进行理财的方法。权：权变，变通。数：通"术"，方法。

[2] 何为：什么是。

[3] 檀：读音 zhān，粥饭。

[4] 天权：指天的水旱灾害。失：丧失，即不能防备。

[5] 少半：一半少一点，不足一半。

[6] 作：劳作。

[7] 埊：古"地"字。泆：溢。

[8] 乞请：乞讨。

[9] 时：指年景的好坏。待：备。

译文：

桓公问管仲说："请问权衡轻重的办法。"

管仲回答说："天以季节、水旱为权变，地以财物多寡体现权变，人以能力大小体现权变,君主以发号施令体现权变。若不能认识天时的权变,就不能把握人与地的权变。"

桓公说:"为什么不能认识天权,就不能掌握人、地之权变?"

管仲回答说:"商汤主政时有七年旱灾,夏禹主政时有五年水患。人民中那些没有粮食的,甚至有出卖儿女的。于是商汤用庄山之金铸币,来赎救因没有粮而卖子女的人。夏禹用历山之金铸币,来赎救因没有粮而卖子女的人。所以,若君主对于天时水旱不能防患于未然,人、地之权都无法掌握。因此,成就王业的君主每年贮存十分之三的粮食,三年多就能有相当于一年的贮备。三十一年就能有相当于十一年多一点的贮备。每年储存三分之一的粮食,不至于伤害民生,还可以促使农民重视耕种更加努力。这样,就是天灾毁坏土地,发生干旱水涝,百姓也不至于倒毙沟壑或乞讨求生了。这就是掌握天时以对待天的权变的办法。"

齐桓公说:"好。"

解读:

"权数"意为权变之术,实为轻重之术。君主"行权"的原则为"以令为权",君主通过行政命令,利用地区差价、聚重散轻的原则,影响国家经济。"君以令为权",说明政府宏观调控主要依靠行政。[①] 文章主要论述如何运用权变的方法理财,主张把权变的方法与轻重之术结合起来,充分发挥天时、地利、人力、君权的作用,达到"一可为十,十可为百"的理财效果。

5. 管仲论教数

题解:

这则故事出自《管子·山权数》。

原文:

桓公问于管子曰:"请问教数[1]。"

管子对曰:"民之能明于农事者,置之黄金一斤[2],直食八石[3]。民之能蕃育六畜者[4],置之黄金一斤,直食八石。民之能树艺者,置之黄金一斤,直食八石。民之能树瓜瓠荤菜百果使蕃衮者[5],置之黄金一斤,直食八石。民之能已

---

① 郭浩《管子品读》,山东大学出版社 2016 年版,第 437 页。

民疾病者,置之黄金一斤,直食八石。民之知时[6],曰岁且阨[7],曰某谷不登[8],曰某谷丰者,置之黄金一斤,直食八石。民之通于蚕桑,使蚕不疾病者,皆置之黄金一斤,直食八石。谨听其言而藏之官,使师旅之事无所与[9],此国策之大者也。国用相靡而足[10],相因揲而赡[11],然后置四限高下[12],令之徐疾,驱屏万物[13],守之以策,有五官技。"

桓公曰:"何谓五官技?"

管子曰:"诗者,所以记物也。时者,所以记岁也。春秋者[14],所以记成败也。行者[15],道民之利害也[16]。易者[17],所以守凶吉成败也[18]。卜者[19],卜凶吉利害也。民之能此者,皆一马之田[20],一金之衣[21]。此使君不迷妄之数也[22]。六家者,即见其时[23],使豫先蕾闲之日受之[24]。故君无失时[25],无失策[26],万物兴丰无失利。远占得失以为末教,诗记人无失辞,行殚道无失义[27],易守祸福凶吉不相乱。此谓君栋[28]。"

注释:

[1] 教数:教化百姓的方法。数:通"术",方法。

[2] 置:设立,设置。

[3] 直:相当。

[4] 蕃育:繁殖饲养。

[5] 蕃袤:繁衍。袤:同"裕",富饶。

[6] 知时:懂得天时。

[7] 且:将。阨:穷困,歉收。

[8] 登:丰收。

[9] 与:参与。

[10] 国用:国家所用的东西。靡:散,分散。足:满足。

[11] 揲:积。赡:通"赡",富足。

[12] 四限:四境。高下:调节。

[13] 驱:驱使。屏:藏。

[14] 春秋:古代编年史的通称,这里泛指史书。

[15] 行者:出行的人。

[16] 道:引导。

[17] 易:指用《易》占筮。

[18] 守:掌握。

[19] 卜:占卜。

[20] 一马之田:赏给够一匹马耕种的土地。

[21] 一金之衣:赏给一金所能买到的衣服。

[22] 数:方法。

[23] 即见:若出现。

[24] 蚤:通"早"。受:同"授"。

[25] 失时:错过农时。

[26] 策:策略。

[27] 殚:详尽。

[28] 君棅:君主的权力。棅:同"柄",权力,权柄。

译文:

桓公问管仲说:"请问教育百姓的方法。"

管仲回答说:"民众中有精通农业生产的,为他设置黄金一斤的奖赏,价值等于粮食八石。民众中有善于繁殖养育牲畜的,为他设置黄金一斤的奖赏,价值为八石粮食。民众中有善于种树精通园艺的,为他设置黄金一斤的奖赏,价值八石粮食。民众中有善种瓜果蔬菜使其产量大增的,为他设置黄金一斤的奖赏,价值八石粮食。民众中有善于治病的,为他设置黄金一斤的奖赏,价值八石粮食。民众中有通晓天时,能预言某年有灾,预言某种作物歉收,或某种作物丰产的,为他设置黄金一斤的奖赏,价值八石粮食。民众中有懂得养蚕,使蚕不生病的,也都为他设置黄金一斤的奖赏,价值八石粮食。要认真听取这些行家的意见,并将这些经验保存于官府。不要让他们从事兵役之事,这是国家的一项重大的政策。这样财物在消费方面会充足,并且积贮丰富。政府要设定四方边境,在境内灵活掌握号令的缓急,吞吐物资,用理财之策来控制经济。为做好这些,还需要有五种有技艺的官。"

桓公问:"什么叫五种有技艺的官?"

管子说:"懂诗的可用来记录社会事物,懂天时的可用来记录年景,懂历史的可用来记录成败,懂出行的可指导人们行路的顺逆,懂《易》的可用来掌握吉凶成败,会占卜的可用来预测吉凶利害。民众中凡有上述技艺中一种者,都赠给一匹马所能耕种的土地,一金所能买到的衣服。这是有助于国君摆脱蒙昧愚妄的一种措施。以上六类专家,都善于及时发现问题。懂天时的,能使人在无事的时候预先了解变异,这样君主就不会错失时机,不会失于计划,从而带来万物兴旺没有失利。懂历史的,可以总结遥远的过去的得失,作为后人的教训。懂诗的人,记述人们的行为而免于犯错。懂出行的,详述道路的情况而免生误解。懂《易》的,能掌握吉凶祸福,不至于发生错乱。管理这些人应是国君的权柄。"

解读:

此节的主题是用经济手段,来吸引和重用各种专业人才。这些人才包括明晓农事、擅长饲养六畜、善于种树、种植瓜果蔬菜、精通医术、熟知农时且预知丰歉、精通养蚕等专业人才。对这些人才,每人重奖黄金一斤,免除兵役。他们要的经验、技术由官府记录保存,便于以后推广实施。

还有一种人才为"五官技",包括精通诗、天时、春秋、行、易的人才。因为诗记述名物,能让人言辞无过失;天时预知年成好坏,能让君主不违背时令,正确决策,从而万物兴盛;春秋记录历史成败,能让君主明白政治得失,可作为以后施政的经验教训;行记述出行的利害、讳忌,指导人们外出避开灾祸;易与卜筮能推算吉凶祸福,不至于发生错乱。对于这些人才,政府奖励价值一匹马能够耕耘的土地和价值一金的衣服。

6. 管仲以龟宝得财用

题解:

这则故事出自《管子·山权数》。

原文:

桓公问管子曰:"轻重准施之矣[1],策尽于此乎?"

管子曰:"未也。将御神用宝[2]。"

桓公曰:"何谓御神用宝?"

管子对曰:"北郭有掘阙而得龟者[3],此检数百里之地也[4]。"

桓公曰:"何谓得龟百里之地?"

管子对曰:"北郭之得龟者,令过之平盘之中[5]。君请起十乘之使[6],百金之提[7],命北郭得龟之家曰:'赐若服中大夫[8]。'曰:'东海之子类于龟[9],托舍于若。赐若大夫之服以终而身[10],劳若以百金[11]。'之龟为无赀[12],而藏诸泰台[13],一日而衅之以四牛[14],立宝曰无赀。还四年,伐孤竹。丁氏之家粟可食三军之师行五月[15]，召丁氏而命之曰：'吾有无赍之宝于此。吾今将有大事，请以宝为质于子[16]，以假子之邑粟[17]。'丁氏北乡再拜[18]，入粟，不敢受宝质。桓公命丁氏曰：'寡人老矣，为子者不知此数[19]，终受吾质[20]！'丁氏归，革筑室，赋籍藏龟。还四年，伐孤竹，谓丁氏之粟中食三军五月之食[21]。桓公立贡数：文行中七，年龟中四千金[22]，黑白之子当千金[23]。凡贡制，中二齐之壤策也。用贡，国危出宝，国安行流。"

注释：

[1] 轻重准：轻重和国准。施：实行。

[2] 御：掌握，运用。宝：宝物。

[3] 阙：洞穴。

[4] 检：比，同。

[5] 过：放置。

[6] 起：派出。

[7] 提：携带。

[8] 若：你。

[9] 类：像。

[10] 而：你。

[11] 劳：慰劳，赏赐。

[12] 之：是，这。无赍：无价。

[13] 诸：之于。泰台：高台。

[14] 衅：血祭，即杀生取血涂物以祭。

[15] 食：可供食用。

[16] 质：抵押。

[17] 假：借。

[18] 乡：同"向"，方向。

[19] 此数：这些道理。

[20] 终受：一定要接受。

[21] 中食：可供食用。

[22] 中：等于。

[23] 当：等于。

译文：

　　桓公问管仲说："轻重平准之法付诸实行了，理财之策就完善了吗？"

　　管仲回答说："没有。还有御神用宝之法。"

　　桓公问："什么叫御神用宝？"

　　管仲回答说："北郭有人掘地而得龟，用这龟就可得到相当于百里土地的利益。"

　　桓公问："为什么得龟就好比得到了百里土地？"

　　管子回答说："命令北郭的得龟者，将龟放在大盘之中，由君主派出使臣，配备十辆四匹马拉的车子，携带金百斤，到得龟者家中，宣布：'国君赐给你中大夫的官服。'同时声明：'这是东海海神之子，样子像龟，寄居在你家中，为此国君将赐给你中大夫的官服，终身享用，并赐给你百斤金。'于是，这龟成为无价之宝，收藏在大台之上，每天用四头牛血祭，名为无价之宝。过了四年，齐桓公征伐孤竹国，了解到丁家所贮藏的粮食，可供三军五个月吃用，便将丁氏召来而对他说：'我有一件无价之宝在此，如今我有大事，请让我把这个宝物抵押给你，借用你家的粮食。'丁氏向北再拜领命，送上粮食，却不敢接受这个抵押的宝物。桓公便对丁氏说：'我老了，我的儿子又不知这宝物的价值，你一定要收下这个抵押品。'丁氏回家，便改建房屋，铺设垫席，把龟收藏起来。过了四年，在征讨孤竹的时候，便宣布丁家的粮食确实满足三军吃了五个月。于是桓公创立一个利用贡龟理财的办法：规定龟甲上有纹路的龟价值七千金，千年之龟价值四千金，黑白子的龟价值一千金。按这种贡龟制度所得的收入，相当于两个齐国领土的价格。贡龟的使用，是在国家危难的时候，就把它作为宝物抵押出去，国家安定的时候，就让它在物资流通中起作用。"

解读：

　　此节故事说明除了粮食、货币方面的轻重论外，君主还可以利用权力人为地制造、烘托某种商品的稀缺性、神秘性，从而极度抬高其价格，然后强制百姓抵押换购所需物资。上述案例就是政府利用龟宝这个特殊商品的轻重论来筹集军粮。

7. 管仲论籍于时

题解：

这则故事出自《管子·地数》。《地数》在《管子》中属于"轻重篇"部分。

原文：

桓公曰："何谓籍于时[1]？"

管子曰："阳春农事方作，令民毋得筑垣墙，毋得缮冢墓[2]。丈夫毋得治宫室[3]，毋得立台榭。北海之众毋得聚庸而煮盐[4]。然，盐之贾必四什倍。君以四什之贾，修河、济之流[5]，南输梁、赵、宋、卫、濮阳。恶食无盐则肿[6]。守圉之本，其用盐独重。君伐菹薪，煮沸水以籍于天下，然则天下不减矣。"

注释：

[1] 籍于时：借助时节取得收入。

[2] 缮：修整。

[3] 丈夫：当为"大夫"，据洪颐煊注改。

[4] 庸：雇工。

[5] 修：当为"循"，沿着。

[6] 肿：水肿。

译文：

桓公问："何谓利用时机取得收入？"

管子说："在阳春农事开始时，命令百姓不得建筑墙垣，不得修缮坟墓；大夫不得营造宫室，不得修建台榭；北海的民众不得雇人煮盐。这样一来，盐价必然上涨四十倍。君主正好将这涨价四十倍的食盐，沿着黄河、济水，南运到梁国、赵国、宋国、卫国和濮阳等地出卖。吃粗食，若是没有盐则人们会浮肿。保卫国家，掌握盐特别重要。君主通过让百姓砍柴煮盐，以盐换取天下的财富，那么天下各国就无法损害我们了。"

解读：

齐国的盐业利润，主要是利用食盐的垄断特性，辅之以行政命令，来实现政府财政的增收。从商代开始，因为其他地区的盐业并不发达，中原地区的食盐主要依靠渤海湾南部地区的煮盐来供给。太公封齐，根据国家自然资源的条件，重视渔盐之业，发展煮盐业，将食盐卖给中原地区的各个诸侯国家，齐国因此成为经济大国。此节主要记载，管仲如何利用季节优势，提高单位食盐的价格，为齐国获得经济利益的故事。

8. 管仲论古帝之术

题解：

这则故事出自《管子·揆度》。《揆度》在《管子》中属于"轻重篇"部分。

原文：

齐桓公问于管子曰："自燧人以来[1]，其大会可得而闻乎[2]？"

管子对曰："燧人以来，未有不以轻重为天下也。共工之王[3]，水处什之七，陆处什之三，乘天势以隘制天下[4]。至于黄帝之王，谨逃其爪牙[5]，不利其器，烧山林，破增薮[6]，焚沛泽[7]，逐禽兽，实以益人[8]，然后天下可得而牧也[9]。至于尧、舜之王，所以化海内者，北用禹氏之玉，南贵江、汉之珠。其胜禽兽之仇[10]，以大夫随之。"

桓公曰："何谓也？"

管子对曰："令诸侯之子将委质者[11]，皆以双武之皮[12]，卿大夫豹饰[13]，列大夫豹幨[14]。大夫散其邑粟与其财物，以市虎豹之皮。故山林之人刺其猛兽，若从亲戚之仇[15]。此君冕服于朝[16]，而猛兽胜于外，大夫已散其财物，万人得受其流[17]。此尧、舜之数也。"

注释：

[1] 燧人：发明钻木取火的燧人氏。

[2] 大会：大的经济筹算。会：会计，统计。

[3] 共工：传说中氏族社会的氏族首领。

[4] 隘制：控制。

[5] 逃：除去。爪牙：禽兽爪牙，古代以此比喻武臣，此指武装力量。

[6] 增薮：杂草丛生的沼泽地。

[7] 沛泽：丰茂的沼泽。

[8] 益人：控制人。益：通"隘"，控制。

[9] 牧：治理。

[10] 仇：通"畴"，类。

[11] 委质：向君主献礼物,表示献身。

[12] 武："虎"的避讳字。

[13] 豹饰：以豹皮为饰。

[14] 豹襜：衣襜以豹皮为饰。

[15] 从：追逐。亲戚：父母。

[16] 冕服：上朝的礼服。

[17] 流：散出的粮食财物。

译文：

　　齐桓公问管子说："自燧人氏以来,历史上的财经大计,可以讲给我听听吗?"

　　管仲回答说："自燧人氏以来,没有不运用轻重之术来治理天下的。共工统治的时代,天下水域占十分之七,陆地占十分之三,他就利用自然形式来控制天下。到了黄帝统治时代,努力除掉各地部落的武装势力,限制他们制造武器用具,放火烧荒山,破坏草薮,焚毁大泽,驱逐禽兽,实际上也是为控制他人,然后才可能统治天下。到了尧、舜当政的时代,之所以能把天下治理好,是因为从北方取来了禺氏之玉,从南方取来了江汉之珠,征服了禽兽之类,继而又分散了大夫的财物。"

　　桓公说："这是什么意思?"

　　管子回答说："命令各国诸侯之子到朝廷晋见,向君主献礼物,都要穿两张虎皮做成的皮裘,上大夫要穿豹皮裘,其他大夫要穿豹皮衣襜的皮裘。于是,大夫们都出售粮食与财物,去购买虎豹之皮。因此山林中的百姓捕杀猛兽,就像驱逐父母的仇人一样。这样,国君只需垂衣拱手于朝,就能战胜猛兽于外。大夫既花费了他们的财物,百姓又从中得到利益。这是尧、舜的策略。"

解读：

　　揆度,即测度、谋划。该篇把轻重理论用于国家大事的思考和谋划,内容涉及用人、市场、物价、货币、外贸、农业、救灾等各个方面。

　　齐文化崇尚礼仪道德,重视社会的道德教化,重视君主在社会人伦宗法关系中的核心作用。管仲向齐桓公阐述了燧人氏以来各个王控制天下的手段。共工之王利用天时地势来扼守天下。黄帝之王,解除其武装,限制其兵器,焚烧荒地,赶走禽兽,实际是控制人,然后再控制天下。到了尧、舜之王,用来教化四海的方法,就是各诸侯的儿子到朝廷晋见,向君主献礼物,必须穿用两张虎皮做成的皮裘,卿大夫用豹皮,列大夫用豹襟。官员们用他们的谷粟和财物来买虎豹之皮,山林中人杀禽兽,分散了官员的财物,百姓获得利益。

9. 管仲以盐富国

题解:

这则故事出自《管子·轻重甲》。《轻重甲》在《管子》中属于"轻重篇"部分。

原文:

管子曰:"阴王之国有三[1],而齐与在焉[2]。"

桓公曰:"此若言可得闻乎?"

管子对曰:"楚有汝、汉之黄金,而齐有渠展之盐,燕有辽东之煮,此阴王之国也。且楚之有黄金,中齐有菑石也[3]。苟有操之不工[4],用之不善,天下倪而是耳[5]。使夷吾得居楚之黄金[6],吾能令农毋耕而食,女毋织而衣。今齐有渠展之盐,请君伐菹薪[7],煮沸火为盐,正而积之[8]。"

桓公曰:"诺。"

十月始正,至于正月,成盐三万六千钟。

召管子而问曰:"安用此盐而可?"

管子对曰:"孟春既至,农事且起[9]。大夫无得缮冢墓[10],理宫室[11],立台榭,筑墙垣。北海之众无得聚庸而煮盐[12]。若此,则盐必坐长而十倍。"

桓公曰:"善。行事奈何?"

管子对曰:"请以令粜之梁、赵、宋、卫、濮阳[13]。彼尽馈食之也,国无盐则肿[14],守圉之国[15],用盐独甚。"

桓公曰:"诺。"乃以令使粜之,得成金万一千余斤。

桓公召管子而问曰:"安用金而可?"

管子对曰:"请以令使贺献、出正籍者必以金[16],金坐长而百倍。运金之重,以衡万物[17],尽归于君。故此所谓用若挹于河海[18],若输之给马[19]。此阴王之业。"

注释:

[1] 阴王:擅土地之利的诸侯王。地属阴,故称为阴王。

[2] 与在:在内。

[3] 中:当,等于。菑石:美石,或以为即今制淄砚之石。

[4]苟:假如。

[5]倪而是:不正眼看,意即不重视。倪:通"睨",斜视。是:通"视",看。

[6]居:拥有。

[7]菹薪:枯柴。

[8]正:同"征",征收。

[9]且:将。

[10]缮:整修。冢墓:坟墓。

[11]理:治,修筑,整治。

[12]聚:召集。

[13]粜:卖出。

[14]肿:浮肿。

[15]圉:同"御",防守。

[16]贺:朝贺。献:贡献。出正籍:缴纳赋税。

[17]衡:衡量。

[18]用:财用。挹:舀水。

[19]输:运转。马:通"码",筹码。

译文:

管仲说:"地产资源最丰富的国家有三个,齐国就是其中之一。"

桓公说:"此话怎讲?"

管仲回答说:"楚国有汝河、汉水一带出产黄金,齐国有渠展所产的盐,燕国有辽东生产盐,这就是地产资源丰富的国家。不过,楚国出产的黄金,如同齐国的菹石,如果经营得不妥,运用不当,天下也不会重视。倘若我拥有楚国的黄金,我能使农民不耕而食,妇女不织而衣。现在齐国有渠展生产的盐,请您下令砍柴煮盐,将盐征收囤积。"

桓公说:"好。"

从十月开始征收,到第二年正月,共得成盐三万六千钟。

桓公于是召管子问道:"准备用这些盐干什么?"

管仲回答说:"初春已到,农耕将开始,可下令大夫不得修筑坟墓、装修房屋、兴建台榭、加固墙垣。同时命令北海的民众不得聚众雇工煮盐。这样,盐价一定会上涨十倍。"

桓公说:"好。接下来怎么办?"

管子回答说："请下令卖盐给梁、赵、宋、卫和濮阳这些地方。这些地方都是靠输入食盐生活。国内无盐,人们就会浮肿,守卫国家,用盐特别重要。"

桓公说："好"。于是下令卖盐,共得金一万一千多斤。

桓公召管子问道："如何使用这些金?"

管仲回答说："请下令,诸侯凡来朝贺献礼,百姓凡来缴纳租税,都必须使用金。这样金价格将上涨百倍。运用金的高价收入,来收购各种物资,一切财富就尽归君主了。这样,国用之多,如取水于河海之中,永不枯竭;又如有人不断送来计算钱数的筹码一般,源源不断。这就是地产资源独厚的优越性。"

解读:

此节是政府运用供求原理,先操纵食盐价格,再炒作金的价格,最终达到万物"尽归于君"的案例。农闲时节,齐国大力组织人力生产食盐,产量达到三万六千钟之多,并全部征收囤积起来。到春耕之际,要求齐国上下以农事为重,禁止百姓煮盐。因而,食盐的价格暴涨十倍。于是齐国将囤积的食盐高价销往国外,销售收入高达金一万一千多斤。然后,齐国政府下令朝贺、贡献以及缴纳税收一律都采用金。于是,金的价格又狂涨百倍。最终齐国就可以利用手中增值百倍的金来掌控天下万物了。

10. 管仲素赏军士

题解:

这则故事出自《管子·轻重乙》。《轻重乙》在《管子》中属于"轻重篇"部分。

原文:

管子入复桓公曰:"终岁之租金四万二千金,请以一朝素赏军士[1]。"

桓公曰:"诺。"

以令至鼓期[2],于泰舟之野期军士[3]。桓公乃即坛而立,宁戚、鲍叔、隰朋、易牙、宾胥无皆差肩而立[4]。

管子执枹而揖军士曰[5]:"谁能陷阵破众者[6],赐之百金。"三问不对。

有一人秉剑而前[7],问曰:"几何人之众也?"

管子曰:"千人之众。"

"千人之众,臣能陷之。"赐之百金。

管子又曰:"兵接弩张,谁能得卒长者,赐之百金。"

问曰:"几何人卒之长也?"

管子曰:"千人之长。"

"千人之长,臣能得之。"赐之百金。

管子又曰:"谁能听旌旗之所指,而得执将首者,赐之千金。"言能得者垒千人[8],赐之人千金。其余言能外斩首者[9],赐之人十金。一朝素赏,四万二千金廓然虚[10]。

桓公惕然太息曰[11]:"吾曷以识此?"

管子对曰:"君勿患[12]。且使外为名于其内[13],乡为功于其亲[14],家为德于其妻子[15]。若此,则士必争名报德,无北之意矣[16]。吾举兵而攻,破其军,并其地,则非特四万二千金之利也[17]。"

五子曰[18]:"善。"

桓公曰:"诺。"

乃诫大将曰[19]:"百人之长,必为之朝礼[20]。千人之长,必拜而送之,降两级[21]。其有亲戚者[22],必遗之酒四石[23],肉四鼎。其无亲戚者,必遗其妻子酒三石,肉三鼎。"

行教半岁[24],父教其子,兄教其弟,妻谏其夫,曰:"见其若此其厚[25],而不死列阵[26],可以反于乡乎[27]!"

桓公衍终举兵攻莱,战于莒必市里[28]。鼓旗未相望,众少未相知[29],而莱人大遁[30]。故遂破其军,兼其地,而虏其将。故未列地而封[31],未出金而赏,破莱军,并其地,禽其君[32]。此素赏之计也。

注释:

[1] 一朝:一个早晨。素赏:预先行赏。

[2] 至鼓期:准备战鼓、战旗。至:通"致"。期:通"旗"。

[3] 泰舟:地名。期军士:集合士兵。

[4] 差肩:肩膀交错。

[5] 枹:鼓槌。揖:作揖行礼。

[6] 阵:军阵。

[7] 秉:执持。

[8] 垒:通"累",累计,总共。人千金:每人一千金。

[9] 外斩首:在外杀敌。

[10] 廓然:空虚的样子。

[11]惕然:担心忧虑的样子。太息:大声长叹,深深地叹息。

[12]患:担心。

[13]且:将。内:国内。

[14]亲:父母,双亲。

[15]妻子:妻子儿女。

[16]北:败北。意:念头。

[17]非特:不止。

[18]五子:宁戚、鲍叔、隰朋、易牙、宾胥无。

[19]诫:告诫,训诫。

[20]朝礼:相见的正式礼节。

[21]降两级:下两级台阶相送。

[22]亲戚:指父母。

[23]遗:赠送。

[24]行教:实行这种措施。

[25]见:被。其:同"期",期望,期待。厚:厚待。

[26]阵:军阵。

[27]反:同"返",返回。

[28]必市里:地名。

[29]众少:兵力多少。

[30]遁:逃跑。

[31]列:同"裂"。列地:即"裂地",分封土地。

[32]禽:通"擒",抓住,擒获。

译文:

管仲向桓公报告说:"全年的税收金额四万二千斤金,请让我在一个早晨全都预赏给战士。"

桓公说:"可以。"

管子便下令准备鼓旗,召集军队战士。桓公站在台上,宁戚、鲍叔、隰朋、易牙、宾胥无都依次挨肩而立。

管仲拿着鼓槌向战士拱手为礼说:"谁能陷阵攻破敌人众多,赏金百斤。"三次发问,无人回答。

有一战士执剑向前,问道:"击破多少敌人呢?"

管仲说:"千人之众。"

"千人之众,我可以攻破。"管仲赏给他一百斤金。

管仲又问:"在交战当中,谁能擒获敌军的卒长,赏金百斤。"

有战士问道:"是多少人的卒长呢?"

管仲回答说:"是一千人的卒长。"

"千人的卒长,我可以擒到。"管仲赏给他一百斤金。

管仲又说:"谁能按旌旗所指的方向,而能够抓获敌军大将的首级,赏金千斤。"回答可以得到的共有千人,每人都赏给一千斤金。其余凡自说能够在外杀敌的,都赏给每人金十斤。一个早上的预先赏赐,四万二千斤金都用光了。

桓公担忧地叹息说:"我怎么能理解这项措施呢?"

管仲回答说:"君上不必忧虑。让战士们在外荣显于乡里,在内有功于双亲,在家有德于妻子儿女,这样,他们必然要争取名声,图报君德,没有败退之心了。我们举兵作战,能够攻破敌军,占领敌人土地,那就不只是四万二千金的利益了。"

宁戚、鲍叔、隰朋、易牙、宾胥无五人都说:"好。"

桓公也说:"可以。"

于是告诫军中大将说:"凡统领百人的军官拜见,你们一定要按正式的礼节相待。统领千人的军官拜见你们时,一定要下两级台阶拜送。他们有父母的,一定要赏给酒四石,肉四鼎。没有父母的,一定要赏给妻子儿女酒三石,肉三鼎。"

这个办法实行半年,百姓中父亲告诉儿子,兄长告诉弟弟,妻子劝告丈夫,说:"国家待我们如此优厚,若不在前线冒死作战,就不好意思回到乡里来了。"

桓公后来举兵攻伐莱国,作战于莒地的必市里。两军的战鼓、军旗还没能看到,军队人数的多少还不知道,莱人的军队就大败而逃了。于是大败莱人的军队,占有了他们的土地,俘虏了他们的将领。所以还没有等到拿出土地封给将士,也没有拿出赏金进行赏赐,就击破了莱国的队伍,吞并了莱国的土地,擒获了他们的国君。这就是预先行赏的谋略。

解读:

此节内容是讲素赏的妙用。素赏就是预先赏赐。管仲将全年租税收入的四万二千金全部用来赏赐将士,并预先召开赏赐大会。

会中,对承诺能够攻敌破阵、俘虏敌军卒长、取敌将首级等壮举的士兵,政府给予丰厚赏赐,鼓舞了士兵勇猛杀敌斗志。其次,对军士礼遇有加。要求将帅接见百人的官长,要按正式的礼节相待;接见千人的官长,拜送时要下两级台阶。如果他们的父母健在,政府要赐予酒肉慰问;父母去世,就慰问其妻子。全军上下大受激励,同仇敌忾,以死报效君主。在与莱人作战的时候,气势如虹的齐军攻打莱国,敌军不战而逃。最终,没有花费很多土地、赏金,就战胜了莱国,俘虏了他们的君主。说明管仲非常善于用奖励激发战士的斗志,表现出管仲的高超智慧。

11. 管仲重视农业生产

题解:

这则故事出自《管子·轻重乙》。

原文:

桓公曰:"吾欲杀正商贾之利[1],而益农夫之事[2],为此有道乎?"

管子对曰:"粟重而万物轻,粟轻而万物重,两者不衡立[3]。故杀正商贾之利,而益农夫之事,则请重粟之价金三百[4]。若是则田野大辟[5],而农夫劝其事矣[6]。"

桓公曰:"重之有道乎?"

管子对曰:"请以令与大夫城藏[7],使卿诸侯藏千钟,令大夫藏五百钟[8],列大夫藏百钟,富商蓄贾藏五十钟,内可以为国委[9],外可以益农夫之事。"

桓公曰:"善。"

下令卿诸侯令大夫城藏。农夫辟其五谷,三倍其贾。则正商失其事,而农夫有百倍之利矣。

注释:

[1] 杀:减少,降低。正:征收。

[2] 益:得益,获益。

[3] 不衡立:指粮食和万物的价格不能同时高或同时低。

[4] 重:加重,提高。

[5] 辟:开辟,开垦。

[6] 劝:努力。

[7] 城藏:贮藏粮食。城:通"盛",容纳,贮存。

[8] 令：命令，命。

[9] 国委：国家积蓄。委：积蓄，贮备。

译文：

桓公说："我想削减商人赢利，增加农民生产，有什么办法吗？"

管仲回答说："粮价高其他物资的价格就低，粮价低其他物资的价格就高，两者升降的趋势相反。所以要削减商人的利润，帮助农民生产，就请提高粮价增加三百金。这样，则荒地广为开垦，农夫也努力耕种了。"

桓公说："提高粮价有什么办法吗？"

管仲回答说："请命令大夫们都储存粮食，规定卿诸侯贮藏一千钟，令大夫贮藏五百钟，列大夫贮藏百钟，富商蓄贾贮藏五十钟，对内可以作为朝廷的储备，对外就可以帮助农夫的生产。"

桓公说："好。"

便下令卿诸侯、大夫等人贮藏粮食。农夫大量开垦土地，耕种五谷，粮价提高三倍。专事经商的商人几乎亏本，而农民有百倍的赢利。

解读：

齐桓公想要削减商人赢利而帮助农民生产，管仲认为应该提高粮价三百金。如此则荒地广为开垦，农夫也努力耕种了。至于提高粮价的办法，管仲建议齐桓公下令大夫们都来存粮，规定卿诸侯贮藏一千钟，令大夫贮藏五百钟，列大夫贮藏百钟，富商大贾贮藏五十钟。对内可以作为朝廷的贮备，对外就可以帮助农民的生产。齐桓公很赞成这个建议，于是下令卿诸侯、大夫贮藏粮食。农民们种五谷，粮价提高三倍，专事经商的商人几乎亏本，农民则有百倍的赢利。

从管仲的建议中可以看出，他赞同齐桓公的重农抑商的主张，在发展齐国经济的同时，将农业生产作为治国之本。

12. 管仲向桓公论平衡供求

题解：

这则故事出自《管子·轻重乙》。

原文：

桓公问于管子曰："衡有数乎[1]？"

管子对曰:"衡无数也。衡者,使物一高一下[2],不得常固[3]。"

桓公曰:"然则衡数不可调耶[4]?"

管子对曰:"不可调。调则澄[5],澄则常[6],常则高下不贰,高下不贰则万物不可得而使固。"

桓公曰:"然则何以守时[7]?"

管子对曰:"夫岁有四秋[8],而分有四时。故曰:农事且作[9],请以什伍农夫赋耜铁[10],此之谓春之秋[11]。大夏且至,丝纩之所作[12],此之谓夏之秋[13]。而大秋成,五谷之所会[14],此之谓秋之秋[15]。大冬营室中[16],女事纺绩缉缕之所作也[17],此之谓冬之秋。故岁有四秋,而分有四时。已得四者之序[18],发号出令,物之轻重相什而相伯[19]。故物不得有常固。故曰衡无数。"

注释:

[1] 衡:平衡,此指平衡市场的供求。

[2] 高:指价格高。下:指价格低。

[3] 常:恒定。固:固定。

[4] 衡数:平衡价格的数字。调:调节使之达到某一水平。

[5] 澄:静止。

[6] 常:固定不变。

[7] 守时:把握时机。

[8] 秋:成熟收获的季节,引申为收成。

[9] 且:将。

[10] 什伍:十户为什,五户为伍。耜铁:犁的铁头,此处泛指农具。

[11] 春之秋:春季的收益。

[12] 丝纩:丝与丝绵。

[13] 夏之秋:夏季的收益。

[14] 会:会聚。

[15] 秋之秋:指利用秋季收购五谷取得收益。

[16] 营:劳作。

[17] 纺绩缉缕:纺线织布。

[18] 序:次序。

[19] 轻重:指物价高低。伯:通"百",百倍。

译文:

桓公问管仲说:"物价政策有定数吗?"

管仲回答说:"物价政策没有定数。平衡物价,就是要使物价有高有低,不经常固定在一个数字上。"

桓公说:"那么,平衡物价就不能整齐划一了吗?"

管仲回答说:"不能整齐划一,整齐划一就静止了,静止则没有变化,没有变化则物价升降没有差别,没有差别则万物都不能被我们掌握利用了。"

桓公说:"那么,怎样掌握物价升降的时机?"

管仲回答说:"一年有四个时机,分在四季。就是说,农事刚开始时,让农民按什伍互相担保,向他们预售农具,这叫作春天的时机。炎热的夏天将到,是织丝绸做丝絮的时节,这叫作夏天的时机。而到了秋收时候,是五谷的收获季节,这叫作秋天的时机。隆冬在室内劳动,是妇女纺织的时节,这叫作冬天的时机。所以,一年有四个时机,恰好分在四季。既然了解这四时的顺序,就可以运用国家号令,使物价有十倍、百倍地升降。所以,物价不能经常固定于一点。所以说,不同时期的供求没有定数。"

解读:

齐桓公治国时,想知道平衡供求的规律。齐桓公还没有掌握物价升降的奥秘,因此向管仲询问这一问题。管仲认为平衡供求没有一定之规,平衡供求,就是要使物价有高有低,物价不经常固定在一个数字上,因此,平衡供求的数字就不能调整划一。因为若是划一就会静止,静止则没有变化,没有变化则物价升降没有差别,没有差别则万物都不能为自己掌握利用了。

齐桓公问管仲,如何掌握物价升降的时机。管仲回答说,一年有四个时机,分在四季。就是说,农耕刚开始时,让农民互相担保,向他们预售农具,这叫作春天的时机。大夏将到,是织丝绸做丝絮的时节,这叫作夏天的时机。而到了大秋,是五谷全收时节,这叫作秋天的时机。大冬在室内劳动,是妇女纺织的时节,这叫作冬天的时机。所以,一年有四个时机,恰好分在四季。既然了解这四时的顺序,就可以运用国家号令,使物价有十倍、百倍的升降,物价不能经常固定于一点。所以不同时期的平衡供求没有定数。

这一段的中心意思是要由国家来根据物价的涨落,适时地吞吐物资,以平稳价格。管仲不仅运用天时为经济服务,而且运用政治干涉经济。只要国家掌握了充足的物资,能够抓住时机的变化,加上合理的政治干涉,就有充分驾驭物价的能力了。国家干预商业,轻重以时,正是管仲轻重理论中的主要内容。

13. 管仲向桓公献石璧谋

题解:

这则故事出自《管子·轻重丁》。《轻重丁》在《管子》中属于"轻重篇"部分。

原文:

桓公曰:"寡人欲西朝天子,而贺献不足[1],为此有数乎?"

管子对曰:"请以令城阴里[2],使其墙三重而门九袭[3]。因使玉人刻石而为璧[4],尺者万泉[5],八寸者八千,七寸者七千,珪中四千[6],瑗中五百[7]。"

璧之数已具,管子西见天子曰:"弊邑之君,欲率诸侯而朝先王之庙[8],观于周室[9]。请以令使天下诸侯朝先王之庙,观于周室者,不得不以彤弓石璧[10]。不以彤弓石璧者,不得入朝。"

天子许之曰:"诺。"

号令于天下。天下诸侯载黄金、珠玉、五谷、文采、布泉,输齐以收石璧[11]。石璧流而之天下[12],天下财物流而之齐,故国八岁而无籍[13]。阴里之谋也。右石璧谋。

注释:

[1] 贺献:朝贺贡献。指献给天子的财物。

[2] 城阴里:在阴里这个地方筑城。阴里:齐地名,也叫阴阳里、荡阴里。

[3] 九袭:九重,九道。

[4] 玉人:制玉器的工匠。石:齐地所产的璞玉。璧:玉器,圆形,中有方孔。

[5] 尺者万泉:直径一尺的售价万钱。泉:同"钱"。

[6] 珪:长条形玉,前端呈三角形。中:值,相当。

[7] 瑗:孔大边小的璧。郭璞《尔雅》注:"瑗,孔大而边小。"

[8] 朝:朝拜。

[9] 观:观礼。

[10] 彤弓:朱红色的弓。

[11] 文采:指丝织品。布泉:钱币。

[12] 之:至。

[13] 无籍:没有赋税。

译文：

　　桓公说："我要西行去朝见天子,而朝贺的贡礼不足,有什么办法解决吗?"

　　管子答道："请下令筑阴里城,使阴里有城墙三重、城门九道。让玉匠刻石为璧,一尺大小的石璧一万钱,八寸大小的石璧八千钱,七寸大小的石璧七千钱,珪璧四千钱,瑗璧五百钱。"

　　玉璧的数额已备齐,管子西行朝见天子说："我们齐国的君主将率诸侯来朝拜先王的宗庙,在周室观览。请下令让天下的诸侯,朝拜先王的宗庙、观览周室的人,必须带着彤弓、石璧。不带着彤弓、石璧的诸侯国君主,不准入朝。"

　　天子答应说："可以。"

　　便向天下发号施令。诸侯们载着黄金、珠玉、粮食、彩绢、钱币到齐国交换石璧。石璧流到天下各诸侯国,天下各诸侯国的财物流入齐国,齐国因此八年不向百姓征税。这就是阴里之谋。以上是管仲的石璧之谋。

解读：

　　此节是轻重理论运用的例子。

　　为解决齐桓公朝贺周天子的开支问题,管仲事先利用齐国当地的资源,专门令工匠制作各类精美的石璧。然后管仲到京城拜见天子,请天子下令,凡是前来朝拜先王、观礼周室的诸侯,都要携带彤弓、石璧为献礼。市场中的石璧供不应求,价格陡然上升。于是天下诸侯用黄金、珠玉等贵重财物前来齐国换取价格暴涨的石璧,天下的财物自然就流向齐国了,齐国因此而获得大量财富,百姓向政府交的赋税也减少了很多。

　　这个故事不见于先秦其他历史典籍的记载,很可能是用轻重理论来学习、分析的具体案例,说明轻重论能够利用供求关系来调控商品价格。①

14. 管仲向桓公献菁茅谋

题解：

　　这则故事出自《管子·轻重丁》。

原文：

　　桓公曰："天子之养不足[1],号令赋于天下,则不信诸侯[2],为此有道乎?"

---

①　郭浩《管子品读》,山东大学出版社 2016 年版,第 493 页。

管子对曰："江、淮之间,有一茅而三脊[3],冊至其本[4],名之曰菁茅[5]。请使天子之吏环封而守之[6]。夫天子则封于太山、禅于梁父[7],号令天下诸侯曰:'诸从天子封于太山[8],禅于梁父者,必抱菁茅一束以为禅籍[9]。不如令者不得从。'"

天子下诸侯[10],载其黄金,争秩而走[11]。江、淮之菁茅坐长而十倍,其贾一束而百金。故天子三日即位[12],天下之金四流而归周若流水。故周天子七年不求贺献者[13],菁茅之谋也。右菁茅谋。

注释:

[1] 养:供给。

[2] 赋:征收赋税。不信诸侯:诸侯不信的倒文,即诸侯不从。

[3] 脊:梗。

[4] 冊:古"贯"字,贯穿。本:根。

[5] 菁茅:茅草的一种,祭祀时铺在地上用来当席或用来缩酒。

[6] 环封:四周封闭起来。

[7] 太山:泰山。梁父:山名,亦称梁甫,在今山东泰安东南。

[8] 诸:诸位。

[9] 禅籍:扫地铺地。禅:通"墠",供祭祀用的经清扫的场地。籍:通"藉",垫席。

[10] 下:下令。

[11] 秩:位次。争秩:争先。

[12] 即位:未离座位,形容极其容易。

[13] 贺:朝觐庆贺。献:进奉,进贡。贺献:向天子朝贺进奉贡品。

译文:

桓公说:"天子的财用不足,每次下令向各国征收,都得不到诸侯响应,有办法解决吗?"

管仲回答说:"长江、淮河之间,出一种茅草,这种茅草三条脊梗直贯到根部,名叫'菁茅'。请让天子的官吏把菁茅产地的四周封闭严密看守。天子要在泰山祭天,在梁父山祭地,可以向天下诸侯下令说:'凡随从天子在泰山祭天,在梁父山祭地的,都必须携带一捆菁茅作为祭祀用的垫席。不遵此令者,不得随从前往。'"

天子下令于诸侯,诸侯载着黄金,争先购买菁茅,江淮的菁茅价格暴涨十倍,其价一束百金。天子在朝中稳坐不动三天,天下之金就从四面八方像流水一样聚集而来。这样,周天子七年不索求朝贺供礼,是采用了菁茅之谋。以上是菁茅谋。

解读:

  齐桓公欲霸天下,而管仲在政治上的诸多措施之一就是尊奉周天子,使各国诸侯信服于齐国,扩大齐国的政治影响。从东周开始,天子的地位逐渐衰弱,各国群起而争夺霸业,对天子的贺献不足,天子的经济面临困难。

  齐桓公向管仲请教,这种情况该怎么办。管仲提供了给周天子征收财用的谋略,即菁茅之谋。管仲说,把长江、淮河之间出产的菁茅由天子派官吏对其产地实行封禁和看守。然后利用天子祭天地这一重大活动,下令各地诸侯,凡随从天子在泰山祭天,在梁父山祭地的,都必须携带菁茅作为祭祀之用的垫席,不按照命令行事的不得随从前往。

  管仲的计策果然使天子获得了巨大的利益。管仲利用行政命令规定必需的物品,这样增加了天下对菁茅的需求,而菁茅又被天子垄断,从而使菁茅的价格大大上涨。诸侯为了随从天子祭天地,不得不从各地前来出高价购买。周天子在朝仅仅三天,天下的黄金就汇聚而来,经济大大宽裕,因此七年都没有向诸侯要求贡品。这样天子在卖菁茅中赢得了大量的利润。这种商品贸易也正是管子"轻重之术"的运用,充分体现了管子政治、经济思想高度结合的睿智。

  此节案例与上节案例的理财方法很相似。政府首先垄断菁茅的供给,"使天子之吏环封而守之",然后强制号令天下诸侯购买,借以将菁茅抬高到"一束而百金"的高价,从而获取高额利润,解决周天子的供养问题,表现出管仲高超的政治、经济智慧。[1]

15. 管仲论国准

题解:

  这则故事出自《管子·轻重丁》。

原文:

  管子曰:"昔者,癸度居人之国,必四面望于天下,下高亦高[1]。天下高,我独下,必失其国于天下。"

---

① 郭浩《管子品读》,山东大学出版社 2016 年版,第 494 页。

桓公曰："此若言曷谓也[2]?"

管子对曰："昔莱人善染[3]。练茈之于莱纯锱[4]，縵绶之于莱亦纯锱也[5]。其周中十金[6]。莱人知之，间纂茈空[7]。周且敛马作见于莱人操之[8]，莱有推马。是自莱失纂茈而反准于马也。故可因者因之[9]，乘者乘之[10]，此因天下以制天下。此之谓国准[11]。"

注释：

[1]　高：指物价高。

[2]　曷：通"何"。

[3]　莱：古国名，在今山东省东部。

[4]　练茈之于莱纯锱：紫色的丝绢在莱国一纯值金一锱。茈：通"紫"。锱：重量单位，根据《说文》，六铢为一锱。

[5]　縵绶：紫青色的丝带。

[6]　其周中十金：这些在周的价格是一纯值金十锱。

[7]　间纂茈空：暗中将紫绢收购一空。间：暗中。纂，通"纂"，攒集，这里指收购。

[8]　马：筹码，此指当时通行于各国的某种临时票据。见：同"现"。

[9]　因：凭借。

[10]　乘：利用。

[11]　国准：治理国家的准则。

译文：

管子说："昔日癸度居住他国，一定会四处观望天下的情况。天下的物价高，我国也应抬高。天下的物价高，只有本国的物价低，就必定亡国。"

桓公说："这话是什么意思?"

管子答道："昔日莱人善于染色，紫色丝绸在莱国一纯值一锱金，紫色丝绦一纯也值一锱金，而在周地则价值十锱金。莱国商人知道后，很快把紫绢收购一空。周地的商人用筹码做抵押，购空莱国商人手中的染色丝绸。这是莱国商人自己失去了收集的染色丝绸，只剩下换回的筹码。因此，可以利用就要利用，可以掌握就要掌握，这就是凭借天下资源来控制天下。这也叫作国家的平准措施。"

解读：

管仲相齐期间，在经济思想中提出了轻重之术。他不仅把这一思想运用于齐国的内部商业经济，而且还运用于对各国诸侯的商品贸易中。在对外贸易中,管仲主张由国家调节商品价格,使之与国外一致,以避免国内物资的外流,保证国内物资的供求平衡。

　　管仲以西周利用莱国紫绢来控制莱国的事例,论证了国家保证物价与国外大致相同的重要性,使桓公又一次认识了国家掌握市场行情,调节物价的意义。在商业贸易中实行"天下高我亦高"的政策,使齐国避免了物资外流,保证了国内的物资平衡。这样齐国在与各诸侯国的外贸中,保住了国内资源不被外取,反而取于天下,赢得巨利,积累了大量财富。管子还强调,可以利用就要利用,可以掌握就要掌握,表达了根据实际需要灵活制定适时的措施的平准思想。

16. 管仲向桓公论调节

题解：

　　这则故事出自《管子·轻重丁》。

原文：

　　桓公曰："齐西水潦而民饥[1],齐东丰庸而粜贱[2]。欲以东之贱被西之贵[3],为之有道乎?"

　　管子对曰："今齐西之粟釜百泉[4],则鏂二十也[5]。齐东之粟釜十泉,则鏂二钱也。请以令籍人三十泉[6],得以五谷菽粟决其籍[7]。若此,则齐西出三斗而决其籍,齐东出三釜而决其籍,然则釜十之粟皆实于仓廪,西之民饥者得食,寒者得衣,无本者予之陈[8],无种者予之新[9]。若此,则东西之相被,远近之准平矣。"

注释：

[1] 水潦:水灾。

[2] 丰庸:岁丰用足。粜:卖出粮食。

[3] 被:遮盖,补助。

[4] 釜百泉:一釜价格百钱。釜:古代量器,也叫"鬴"。春秋、战国时代流行于齐国。现存有战国时的子禾子釜和陈纯釜,都呈坛形,小口大腹,有两耳。泉:同"钱"。

[5] 鏂二十:一鏂价格二十钱。鏂:容量单位,五鏂为一釜。

[6] 籍:征收赋税。

[7] 菽:豆类的总称。粟:谷子的一种。

[8] 陈：陈粮。

[9] 新：新粮。

译文：

桓公说："齐国西部遭水灾而民众忍饥挨饿，齐国东部五谷丰足而粮价低廉。我想用齐东的低价粮来平准齐西的高价粮，用什么办法呢？"

管子回答道："现在齐西的粮食一釜百钱，那么一鏂粮价二十钱；齐东的粮一釜十钱，那么一鏂粮价二钱。向每一口人征税三十钱，并要用粮食来缴纳。那么齐西每人出三斗粮就可抵税金，齐东每人出三釜粮才能抵税金。如此则一釜十钱的齐东的粮食，就全部收进国家的粮仓。齐国西部的百姓也就可以饥者得食，寒者得衣，无本者国家贷予陈粮，无种者国家贷予新粮了，这样，东西两地得以相互补助，远近各方也就得到调节了。"

解读：

齐桓公与管仲讨论如何理财，管仲告诉他要用平衡供求的方法。当时，齐国西部发生水灾而人民饥荒，齐国东部五谷丰登而粮价低廉，齐桓公想用东部的粮价的低廉来补西部粮价的昂贵，便问管仲有何办法，管仲做了回答。管仲分析了齐国东、西两部粮价的状况，便让齐桓公下令向每一口人征税三十钱，用粮交纳，西部因粮贵而纳粮少，东部因粮贱而纳粮多，东部富足的粮食归于国家，西部的饥民也得到粮食。使得东西两地得以相互补充。

管仲在解决东西粮价不平衡的问题时，采用了平衡供求的办法，如此国内物资得到调节，使百姓生活水准平衡。管仲强大的理财能力于此可见。

17. 管仲向桓公论平准之策

题解：

这则故事出自《管子·轻重丁》。

原文：

桓公曰："衡数吾已得闻之矣，请问国准。"

管子对曰："孟春且至[1]，沟渎阮而不遂[2]，豀谷报上之水不安于藏[3]，内毁室屋，坏墙垣，外伤田野，残禾稼，故君谨守泉金之谢物[4]，且为之举。大夏，帷盖衣幕之奉不给[5]，谨守泉布之谢物，且为之举。大秋，甲兵求缮[6]，弓弩求弦，谨丝麻之谢物,且为之举。大冬,任甲兵[7],粮食不给,黄金之赏不足,谨守五谷黄金之谢物,且为之举。已守其谢[8],富商蓄贾不得如故[9]。此之谓国准。"

注释:

[1] 且:将。

[2] 渎:沟渠。阬而不遂:阻塞不通。

[3] 谿:山间流水的通道。报:赴。藏:所处的位置。

[4] 谢:通"射",射取。

[5] 奉:供应。不给:不足。

[6] 甲兵:盔甲兵器。缮:修补。

[7] 任:用。

[8] 守其谢:严格控制防止射利。

[9] 故:往常,过去。

译文:

　　桓公说:"平衡供求的理财方法我已经知道了,请问国家平准策略的具体方法。"

　　管子答道:"初春将临,沟渠阻塞不通,溪谷堤坝里的水泛滥成灾,内则毁坏房屋、墙垣,外则损害田地、庄稼。君主应注意百姓为上交水利费用而抛卖的物资,并采取措施。夏天,军中的帷盖衣幕供应不足,国家应注意百姓为上交布帛而抛卖的物资,并采取措施。秋天,铠甲兵器需要补旧更新,弓需更弦,国家要注意百姓为上交丝麻而抛卖的物资,并采取措施。冬天,雇人做铠甲兵器,粮食供给不足,黄金奖赏不够用,国家应注意百姓为上交粮食、黄金而抛卖的物资,并采取措施。国家把这些物资掌握起来以后,富商大贾便不能像以前那样囤积财物。这就是国家的平准措施。"

解读:

　　齐桓公为成霸业,不仅要对外显示霸权,更重要的是在国内致力于安民、理财和维持国家的平准,富国利民,增强实力,奠定称霸的基础。出身于商贾的管仲,在此方面辅佐齐桓公更是得心应手。他依据物多则贱、寡则贵这一基本原理,从影响物的多寡有自然的、人为的两方面原因来考虑,结合当时一年四季所必遇的实际情况,向齐桓公提出了一套维持国家平准的办法。商人的囤积居奇,往往是社会不安定的因素,管仲以其人之道还治其人之身,利用国家的力量来对市场进行干涉,就可以维持买卖的平衡了,社会就会更加安定,国家就会强盛。管仲正是在回答齐桓公询问国家的平准措施时说的上面这番话。

管仲认为,初春一到,沟渠堵塞不通,溪谷堤坝里的水泛滥成灾,内则毁坏房屋、墙垣,外则损害田地、庄稼。国家应注意百姓为上交水利费用而抛卖的物资,并把它收购起来。夏季,兵车的帷盖衣幕供应不足,国家应注意百姓为上交布帛而抛卖的物资,并把它收购起来。秋季,盔甲兵器要修缮,弓弩要上弦。国家要注意百姓为上交丝麻而抛卖的物资,并把它收购起来。国内资源不被外取,反而取于天下,赢得巨利,积累了大量财富。

18. 管仲使大夫出资财

题解:

这则故事出自《管子·轻重丁》。

原文:

桓公曰:"大夫多并其财而不出[1],腐朽五谷而不散[2]。"

管子对曰:"请以令召城阳大夫而请之[3]。"

桓公曰:"何哉?"

管子对曰:"城阳大夫嬖宠被絺纮[4],鹅鹜含馀秫[5],齐钟鼓之声,吹笙篪[6],同姓不入[7],伯叔父母远近兄弟皆寒而不得衣,饥而不得食。子欲尽忠于寡人,能乎? 故子毋复见寡人[8]。灭其位[9],杜其门而不出[10]。"

功臣之家皆争发其积藏,出其资财,以予其远近兄弟。以为未足,又收国中之贫病孤独老不能自食之萌[11],皆与得焉。故桓公推仁立义,功臣之家兄弟相戚[12],骨肉相亲,国无饥民。此之谓缪数[13]。

注释:

[1] 并其财:隐藏财产。并:通"屏",隐藏。

[2] 腐朽五谷:让粮食腐朽。

[3] 城阳:齐地名。请之:请其罪。

[4] 嬖宠:宠爱的姬妾。被:穿着服。絺纮:精美的织品。

[5] 鹜:鸭。馀:多余。秫:粮食。

[6] 笙篪:古代吹奏的管乐器。

[7] 同姓:同姓族人。

[8] 毋:不必。复:再。

[9] 灭其位:免去他的爵位。

[10] 杜：堵塞。不出：不让他出入。

[11] 萌：民。

[12] 戚：亲近。

[13] 缪数：非同寻常的策略。

译文：

桓公说："许多大夫都储藏他们的财物而不肯拿出来，粮食烂了也不肯散给贫民。"

管仲回答说："请下令召见城阳大夫并让他请罪。"

桓公说："怎样让他请罪呢？"

管仲回答说："这样讲：'城阳大夫你的姬妾穿着华贵的衣服，鹅鸭有吃不完的剩食，鸣钟击鼓，吹笙鸣簧，同族的人却进不了你的家门，伯叔父母远近兄弟也都寒不得衣，饥不得食。你这样，能尽忠于我吗？你再也不要来见我了。'然后罢免他的爵位，封禁他的府门，不许他出入。"

这样一来，功臣之家都争着动用积蓄，拿出财物来救济远近兄弟。他们这样还感到不够，又收养国内的贫、病、孤、独、老年等不能自给的人，使他们的生活有了依靠。齐桓公推行仁义，功臣之家的兄弟相爱，骨肉相亲，国家没有了饥民。这就叫作"缪数"。

解读：

春秋时期，许多大夫的姬妾穿着高贵的衣服，鹅鸭有吃不完的剩食，钟鸣鼎盛，吹笙鸣簧，同姓族人却进不了他们的家门，伯叔父母远近兄弟都寒不得衣，饥不得食。士大夫们隐藏着他们的财物而不肯提供出来，粮食烂了也不肯散给贫民。齐桓公就这种状况向管仲询问解决的办法。

齐桓公采纳了管仲的建议，召见了城阳大夫并对他进行谴责，指责他只顾自己过奢华的生活，不管亲戚百姓的疾苦。城阳大夫对自己的亲属都不关爱，怎么会忠于齐桓公呢？桓公以此为借口，免掉了他的爵位，封禁门户不许他外出。

这样做的后果，是功臣之家发现如果太过分奢侈消费，会受到齐桓公的处罚。他们于是争着动用积蓄，拿出财物来救济远近兄弟。这还感到不够，又收养国内的贫、病、孤、独老年等不能自给的人，让他们能够生活。管仲向来把经济问题看作第一位，但并没有忽视伦理道德。他主张从道德伦理上来改变经济弊端，从而在一定程度上改善了贫民的生活。

19. 管仲向桓公论富民穷商

题解：

这则故事出自《管子·轻重丁》。

原文：

桓公曰："四郊之民贫，商贾之民富。寡人欲杀商贾之民以益四郊之民[1]，为之奈何？"

管子对曰："请以令决瓈洛之水[2]，通之杭庄之间[3]。"

桓公曰："诺。"

行令未能一岁，而郊之民殷然益富[4]，商贸之民廓然益贫[5]。

桓公召管子而问曰："此其故何也？"

管子对曰："决瓈洛之水，通之杭庄之间，则屠酤之汁肥流水[6]，则蠹虻巨雄、翡燕小鸟皆归之[7]，宜昏饮，此水上之乐也。贾人蓄物，而卖为雠[8]，买为取[9]，市未央毕，而委舍其守列[10]，投蠹虻巨雄[11]。新冠五尺[12]，请挟弹怀丸游水上，弹翡燕小鸟[13]，被于暮[14]。故贱卖而贵买。四郊之民卖贱，何为不富哉！商贾之人何为不贫乎！"

桓公曰："善。"

注释：

[1] 杀：削减。

[2] 瓈洛：水盛貌。张佩纶曰："言霖潦无所容之水。"

[3] 杭庄：康庄，宽阔平坦的大路。杭，通"康"。王念孙说："'杭'，当为'抗'。'抗'，古读若'康'。'抗庄'即'康庄'。"

[4] 殷然：充裕的样子。

[5] 廓然：空虚的样子。

[6] 屠酤：屠户、酒家。

[7] 蠹虻：一种危害牲畜的虫类。以口尖利器刺入牛马等皮肤，使之流血，并产卵其中。翡燕：小鸟名。归：聚集。

[8] 雠：售出。

[9] 取：购买。

[10] 委舍：舍弃。

[11] 投：投射，猎取。

[12] 新冠：指新加冠的成年人。五尺：指未成年的童子。

[13] 弹：用弹弓打。

[14] 被于暮：直到晚上。

译文：

桓公说："四郊的百姓贫困，商贾富裕。我想消减商贾的利益以资助四郊的百姓，用什么办法呢？"

管子答道："请下令疏通洼地的积水，导入康庄大道之间。"

桓公说："可以。"

命令实行不到一年，四郊的农民富裕起来了，商贾却贫困了。

桓公召见管子问道："这是什么缘故呢？"

管子答道："疏通洼地的积水，导入大道之间，使沿岸屠户和酒家的残余油脂流入水中，蚊母之类的大鸟，翡燕之类的小鸟，都飞集到两岸，黄昏时很适合饮酒，这简直是水上的享乐。商贾带着货物急于出手，收购的人急于买进，他们不等市场关闭就离开货摊，去捕捉蚊母之类的大鸟。刚成年的青年，还有少年手持弹弓怀揣弹丸，往来于水上，弹打翡燕一类的小鸟，直到夜幕方休。商人低价出售而高价收购，四郊的民众高价售出而低价购入，怎么能不致富呢？商人怎么不变穷呢？"

桓公说："说得对。"

解读：

管仲辅助桓公时，一方面借助于外来商人把商品输入或输出，一方面也利用本国商人的力量，对商人的管理也就很重要了。他规定工贾都听从安排，集中住在规定的乡里，世代相传，不许随便迁移。即使如此，由于齐国的重商传统，商人们在往来贸易中大多谋得大财，殷实无比，而地处偏远地区的农民却穷困不堪。针对这种情况，桓公想削减富商大贾的利益，为四郊之民谋福利。管仲建议齐桓公决开积在洼地的水流到大路之间，这样百鸟聚集，引得商人在此饮酒游乐，把时间给耽误了，使四郊之民买贱卖贵，不出一年时间，偏远地区人民富起来，商贾们变穷，达到了富民穷商的效果。管仲摸准了商人好乐喜娱的心理，在交通发达的地方设置娱乐来拖延商人的行程，使得商人不得不贱卖贵买，从而达到富民穷商的目的。

20. 管仲向桓公论去树荫之利

题解：

这则故事出自《管子·轻重丁》。

原文：

桓公曰："五衢之民衰然多衣弊而屦穿[1]，寡人欲使帛布丝纩之贾贱[2]，为之有道乎？"

管子曰："请以令沐途旁之树枝[3]，使无尺寸之阴[4]。"

桓公曰："诺。"

行令未能一岁，五衢之民皆多衣帛完屦。

桓公召管子而问曰："此其何故也？"

管子对曰："途旁之树未沐之时，五衢之民，男女相好往来之市者[5]，罢市[6]，相睽树下，谈语终日不归。男女当壮[7]，扶辇推舆[8]，相睽树下，戏笑超距[9]，终日不归。父兄相睽树下，论议玄语，终日不归。是以田不发[10]，五谷不播，桑麻不种，茧缕不治[11]。内严一家而三不归[12]，则帛布丝纩之贾安得不贵？"

桓公曰："善。"

注释：

[1] 五衢：通五方的大路。衰然：衣服破旧的样子。衣弊：衣破。屦穿：鞋烂。

[2] 纩：古时指新丝绵絮，后来泛指棉絮。贾：同"价"，价格。

[3] 沐：剪除。

[4] 阴：树荫。

[5] 之：到。市：集市。

[6] 罢市：集市散后。

[7] 当壮：丁壮。

[8] 辇：人拉的车。

[9] 超距：跳跃。

[10] 发：开垦。

[11] 茧缕：蚕丝。

[12] 严：通"瞻"，视。三不归：指交谈、游戏、议论于树荫下的三种终日不归。

译文：

桓公说："五方的百姓太贫困，很多人穿着破衣烂鞋，我想使帛布丝纩的价钱贱下来，用什么办法呢？"

管子说："请下令剪除路旁的树枝，使它没有尺寸的树荫。"

桓公说："可以。"

下令实施不到一年，各处的民众很多都穿着帛衣而鞋子完好。桓公召见管子说："这是什么原因呢？"

管子答道："没有修剪树枝时，男女相好往来赶集的人们，散市后在树下相会，闲谈而终日不归。壮年男女，推着车子，相会于树荫之下，跳舞唱歌做游戏，终日不归。父老弟兄相会于树荫之下，谈论内容无边无际，终日不归。这样就不锄草种粮，不植桑麻，不纺布帛，每家如果都有这三种终日不归的人，帛、布、丝、絮的价钱怎能不贵呢？"

桓公说："说得对。"

解读：

齐桓公继位后，与管仲共勉互励，励精图治以图霸业。桓公知道百姓太穷，大多衣衫褴褛，鞋子都穿破了。他便想使帛布丝絮的价钱贱下来，问管仲怎么办。管仲说令把路旁的树枝剪去。

政令实施不到一年，齐国百姓多数身穿帛衣而鞋子完好。因为之前的时候，五方百姓，男女相好往来赶集的人们，散市后相会于树荫之下，闲谈而终日不归，壮年男女推车的，相会于树荫之下，游戏跳舞，终日不归，父老兄弟相会于树荫之下，议论玄虚而终日不归，造成土地不开垦，五谷不播种，桑麻不种植，丝线也无人纺织，帛、布、丝、絮的价钱由此才贵起来。待树枝被剪了之后，百姓无处乘荫便又回到农事生产上去，一切生产生活又正常进行了。帛、布、丝、絮的价钱因大量生产而贱了下来，百姓安居乐业，丰衣足食了。管仲去树荫，不使用强制命令的手段，通过改变百姓生活的环境，使五方人民自然而然地改变不良习惯，在潜移默化中过上美好的生活。

21. 管仲向桓公论储备

题解：

这则故事出自《管子·轻重丁》。

原文：

桓公曰："枲贱[1]，寡人恐五谷之归于诸侯，寡人欲为百姓万民藏之，为此有道乎？"

管子曰："今者夷吾过市，有新成囷京者二家[2]，君请式璧而聘之。"

桓公曰："诺。"

行令半岁，万民闻之，舍其作业[3]，而为囷京以藏菽粟五谷者过半。

桓公问管于曰："此其何故也？"

管子曰："成囷京者二家，君式璧而聘之，名显于国中，国中莫不闻。是民上则无功显名于百姓也[4]，功立而名成，下则实其囷京，上以给上为君[5]，一举而名实俱在也[6]，民何不为也？"

注释：

[1] 枲贱：粮食销售价格低。

[2] 囷京：粮仓。囷：圆形粮仓。京：大的粮仓。

[3] 舍：放下。作业：做的事情。

[4] 无功：没有战功。

[5] 给：供给。

[6] 名实：名声和实惠。

译文：

桓公说："粮价太低，我害怕粮食流入其他诸侯国，我想为百官万民储备粮食，该怎样做呢？"

管仲说："今天我路过市场，见到两家新盖的大粮仓。请君上赐以玉璧并进行礼聘。"

桓公说："可以。"

行令半年，万民听说以后，有半数以上的人家都放弃了日常事务而建仓存粮。

桓公问管子道："这是什么原因呢？"

　　管子说:"新建粮仓的两户人家,君上赐以玉璧而进行礼聘,名扬国中,国中之人无人不知。这两家对国君并无功劳而扬名全国,一下子功立名成,个人又存了粮食,也可以交纳给国家。一举而名利兼收,人们何乐而不为呢?"

解读:

　　因为齐国粮价低,齐桓公怕粮食流入其他诸侯国,希望国内多储藏粮食。管仲在市集看到有人家新建成了二谷仓,便让桓公用璧礼聘他们,百姓看了很是羡慕,竞相效仿,不出半年,有半数的人舍弃本行储藏粮食,粮食贮备起来了。粮食贮藏起来,避免了粮食流入其他诸侯国。

　　管仲在处理储粮问题上使用的办法,体现出通货积财的思想,注意财产的生产积蓄,是用来富国强兵的经国之术。

22. 管仲论轻重之术

题解:

　　这则故事出自《管子·轻重戊》。《轻重戊》在《管子》中属于"轻重篇"部分。

原文:

　　桓公问于管子曰:"轻重安施[1]?"

　　管子对曰:"自理国虑戏以来[2],未有不以轻重而能成其王者也。"

　　公曰:"何谓?"

　　管子对曰:"虑戏作,造六峜以迎阴阳[3],作九九之数以合天道[4],而天下化之[5]。神农作,树五谷淇山之阳[6],九州之民乃知谷食,而天下化之。黄帝作,钻燧生火,以熟荤臊[7],民食之,无兹胃之病[8],而天下化之。黄帝之王,童山竭泽[9]。有虞之王,烧曾薮,斩群害,以为民利,封土为社[10],置木为闾[11],始民知礼也。当是其时,民无愠恶不服[12],而天下化之。夏人之王,外凿二十虻[13],韰十七湛[14],疏三江,凿五湖,道四泾之水[15],以商九州之高[16],以治九薮[17],民乃知城郭门闾室屋之筑,而天下化之。殷人之王,立帛牢[18],服牛马以为民利,而天下化之。周人之王,循六峜[19],合阴阳,而天下化之。"

　　公曰:"然则当世之王者,何行而可?"

　　管子对曰:"并用而毋俱尽也。"

　　公曰:"何谓?"

　　管子对曰:"帝王之道备矣[20],不可加也。公其行义而已矣。"

公曰:"其行义奈何?"

管子对曰:"天子幼弱,诸侯亢强[21],聘享不上[22]。公其弱强继绝[23],率诸侯以起周室之祀[24]。"

公曰:"善。"

注释:

[1] 轻重:关于调节商品、货币流通和控制物价的理论。安施:如何实行。

[2] 理:治。虙戏:伏羲。

[3] 六筴:六法,指八卦,八卦为六爻演成。筴:古"法"字。迎:适应。

[4] 作:兴起。九九之数:九九乘法之术。合天道:符合自然界变化规律。

[5] 化:归化,教化。

[6] 树:种植。阳:古代以山的南面、水的北面为阳。

[7] 荤臊:指肉类。

[8] 兹胃之病:指食物中毒。兹:黑、浊。

[9] 童山:砍伐林木,使山光秃。竭泽:干涸水泽。

[10] 封土为社:积土立祭坛,祭祀土地之神。

[11] 置木为闾:用木做乡里的门,建立乡、闾组织。

[12] 愠:愤怒。

[13] 蛮:当为"亢",大川。

[14] 籴:通"渫",疏浚。湛:淤积的水。

[15] 道:导。四泾:即四渎,江、淮、河、济。

[16] 商:测度。

[17] 薮:大泽。

[18] 帛:当作"皂",通"槽"。据王念孙之说改。皂牢:喂养牲畜的槽子和圈舍。

[19] 循:遵循,按照。

[20] 备:全。

[21] 亢强:过于强大。

[22] 聘享不上:指不去给周天子朝贡祭祀。

[23] 弱强:削弱强大的诸侯国。继绝:使绝祀的国家延续下去。

[24] 起:复兴。祀:祭祀。

译文:

桓公问管子道:"怎样实行轻重之术?"

管子回答说："自从伏羲治国以来，没有一个不是靠轻重之术成就王业的。"

桓公问："为何这样说？"

管子回答说："伏羲兴起，创造六爻八卦来预测阴阳，发明九九算法来印证天道，天下百姓都得到教化。神农氏执政，在淇山南部种植五谷，让九州百姓懂得食用粮食，天下百姓都得到教化。黄帝兴起，钻木取火，用来烧熟肉类食物，民众吃后无肠胃病，天下百姓都得到教化。黄帝时代，砍光山林，枯竭沼泽。虞舜统治时，烧毁鸟兽栖息的草地，斩除害人的野兽猛禽，为民兴利，修建土神社庙，建设里巷门闾，民众开始知礼。那个时代，民众没有怨恶不服，天下百姓得到教化。夏朝统治时，开凿了二十条大河，疏通了十七条淤塞河道，疏三江，凿五湖，引四泾之水，测度九州高地，以治理沼泽湖泊，民众才知道建筑城郭、街道、房屋，从而使天下百姓得到教化。商朝统治时，建立畜圈，驯服牛马以利民，从而使天下百姓得到教化。周代，遵循着六爻八卦，印证阴阳，从而使天下百姓得到教化。"

桓公说："既然如此，那么当今的统治者用哪种办法呢？"

管子答道："这些都可兼用，但不能拘泥不变。"

桓公说："这是什么意思？"

管子答道："帝王之道已齐备，不必增加。您实行应当做的政策就可以了。"

桓公说："怎样实行应当做的事呢？"

管子答道："天子幼弱，诸侯强大，他们不向天子朝贺献礼。主上应削弱强悍无礼的诸侯，延续灭绝的小国，率领诸侯复兴天子王室，使周王室祭祀不绝。"

齐桓公说："好。"

解读：

管仲与桓公讨论如何施"轻重之术"。管仲充分肯定了轻重之术的重要性，列举了历代君王如何实施轻重之术，分别列举了有史以来八个时期和朝代，包括伏羲、神农、黄帝、虞舜、夏代、殷代、周代。

每个朝代有各自的举措和特点。从用六爻八卦预测阴阳开始，有种五谷食粮食，有钻燧取火生熟食，有童山竭泽，有烧荒除群害，有开渠疏河，建筑房屋，有驯养牛马以为民利，有循六爻八卦印证阴阳发展。所有这些措施的结果都使天下归化。管仲让齐桓公仿效先王但不要照搬，要因时而化。当时周天子弱，管仲请桓公扶助周王室。桓公照做，取得天子的信任，同时也获得了天下人心。

23. 管仲向桓公论修剪树枝

题解：

这则故事出自《管子·轻重戊》。《轻重戊》在《管子》中属于"轻重篇"部分。

原文：

桓公问管子曰："民饥而无食，寒而无衣，应声之正无以给上[1]，室屋漏而不居[2]，墙垣坏而不筑，为之奈何？"

管子对曰："沐涂树之枝也[3]。"

桓公曰："诺。"令谓左右伯沐涂树之枝[4]。左右伯受沐涂树之枝阔[5]。其年[6]，民被白布[7]，清中而浊[8]，应声之正有以给上，室屋漏者得居，墙垣坏者得筑。

公召管子问曰："此何故也？"

管子对曰："齐者，夷莱之国也。一树而百乘息其下者，以其不捎也[9]。众鸟居其上，丁壮者胡丸操弹居其下[10]，终日不归。父老枎枝而论[11]，终日不归。归市亦惰倪[12]，终日不归。今吾沐涂树之枝，日中无尺寸之阴，出入者长时[13]，行者疾走，父老归而治生[14]，丁壮者归而薄业[15]。彼[16]，臣归其三不归，此以乡不资也[17]。"

注释：

[1] 应声：随着声音，形容快速。正：同"征"，征税。

[2] 居：当为"治"，修理。从王念孙说。

[3] 沐：修剪。涂：通"途"，道路。

[4] 左右伯：官职名。

[5] 受：接受任务。阔：使稀疏。

[6] 其年：一周年。其：同"期"。

[7] 白："帛"的假借字。从戴望说。

[8] 清中而浊：本来空虚的肚子有了粮食吃。

[9] 捎：削除，这里指剪除树枝。

[10] 胡：通"糊"，怀，揣。

[11] 枎：通"拊"，扶着。

[12] 惰：懒惰。倪：通"睨"，眼睛眯起来。

[13] 长时：珍惜时间。长：尚，重视。

[14] 治生：经营家业，谋生计。

[15] 薄业：勤勉于本业。《方言》："薄，勉也。"

[16] 彼：夫，语气词。

[17] 此以：以此。

译文：

桓公问管仲说："百姓饥饿而无粮食，寒冷而无衣裳，平时很快征收来的正常赋税也交不起，房屋漏水而不能修治，墙垣颓坏而不能修筑，对此该怎么办？"

管子回答说："剪去道路两旁的树枝。"

桓公说："可以。"于是命令左右伯剪除路旁的树枝。左右伯受命剪除，路旁树上的枝叶稀疏了。过了一年，百姓穿上了布帛做的衣服，吃上了粮食，交上了赋税，破屋得到修理，坏墙也得到补砌。

桓公召见管仲而问道："这是为什么？"

管仲回答说："齐国，原是莱夷国家。常见一棵大树底下停放着上百的车辆，人们在树下休息，是因为树枝未剪便于乘凉。很多鸟栖息在树上，吸引青壮年拿着弹丸、弹弓到树下来打鸟，终日不归。父老们扶着树枝高谈阔论，终日不归。赶集的人慵懒思睡，也终日不归。而今我们将树枝剪掉，中午没有尺寸的树荫。往返的行人无处休息就会抢时间，快速行走，父老则会回家劳动，青壮年也归去勤奋生产。我之所以要改变这'三不归'的情况，就是因为以前的不归造成人们生活贫困。"

解读：

桓公发现齐国百姓太穷，没有食物吃，衣衫褴褛，房屋破旧，墙垣坍塌，连正常的税收都交不上，问管仲该怎么办。管仲说下令把路旁的树枝剪去。桓公于是命令负责城市建设的左右伯，找人将路旁的树枝修剪，使枝叶稀疏。过了一年，百姓的生活大有改观，能够穿上帛做的衣服，吃上了粮食，房屋墙垣都修建好了，国家税收也能够交上了。桓公于是就问管仲，修剪树枝为什么能够提高了人们的生活质量。管仲说，齐国这个地方，原来属于东夷的莱国，喜欢享乐。以前大树底下，能够停下上百辆马车，人们在树下乘凉。树上有很多鸟类，青壮年就喜欢拿着弹弓、弹丸打鸟嬉戏；年龄大的人在树下聊天，他们在树下有多重娱乐方式，于是终日不回家。现在把树枝修剪了，没法在树下进行那么多的娱乐活动了，人们就赶紧回家做事去了。这样，生产的物资多了，人们的生活水平就提高了。管仲通过改变百姓的生活的环境,使百姓改变不良的生活习惯,使他们自然而然地过上了美好的生活。

24. 管仲与桓公论禁齐国厚葬

题解:

这则故事出自《韩非子·内储说上》。

韩非,战国末期韩国人,出身于韩国贵族,是先秦法家思想的集大成者。他吸收了儒、道、名、墨各家学说,综合商鞅的"法"、申不害的"术"、慎到的"势"思想,提出以"法"为中心的"法""术""势"三者整合的思想与统治方法。韩非著《韩非子》五十五篇,具有很强的逻辑性和说服力。文章叙事生动,保存了不少寓言故事,富有感染力,对后世文学有较大影响。①

原文:

齐国好厚葬[1],布帛尽于衣衾[2],材木尽于棺椁[3]。

桓公患之[4],以告管仲曰:"布帛尽则无以为蔽[5],材木尽则无以为守备,而人厚葬之不休[6],禁之奈何[7]?"

管仲对曰:"凡人之有为也[8],非名之则利之也。"于是乃下令曰:"棺椁过度者戮其尸[9],罪夫当丧者[10]。"夫戮死无名,罪当丧者无利,人何故为之也[11]。

注释:

[1] 厚葬:用很多财物陪葬。

[2] 布帛:古代一般以麻、葛之织品为布,丝织品为帛,因以"布帛"统称供裁制衣着用品的材料。衣衾:这里指装殓死者的衣服与单被。衾:单被。

[3] 棺椁:棺材。古代的棺分两层,里面的叫棺,外面的叫椁。

[4] 患之:担心这件事。

[5] 蔽:遮蔽。

[6] 休:停止。

[7] 禁:禁止。

[8] 有为:有所行动。

[9] 过度:超过限度。

---

① 刘永翔、吕咏梅《先秦两汉散文》,上海人民出版社 2017 年版,第 167 页。

[10] 罪：惩罚。夫：那些。当：主持。

[11] 为之：做那种事。

译文：

　　齐国人喜欢用很多财物奢侈地陪葬，织品全都用于做去世的人的衣服和被子，好木料全都用于做棺材。

　　齐桓公为此感到忧虑，把这事告诉管仲，说："棉麻丝织品用完了，那就没有什么东西可以用来做遮蔽车马的帷帐了；木材用完了，那就没有什么东西可以用来修筑防御工事了，但人们奢侈地举行葬礼却没有个完，如何禁止他们这么做？"

　　管仲回答说："一般说来，人们做某一件事，不是为了从这件事中取得名誉，就是为了从这件事中取得利益。"于是就下命令说："棺材超过规定的，就斩断那遗体，并处罚那个掌管丧事的人。"斩断死尸，就没有了名誉；处罚掌管丧事的人，就没有了利益。人们为什么要去做它呢？①

解读：

　　春秋时期，齐国人喜欢举行盛大奢华的葬礼，当时棉麻、丝织品、上好的木料都是很稀有的生活用品，但人们却拿棉麻和丝织品做死人的衣服和被子，用上好的木料做棺材。齐桓公为此感到担忧，他把这件事告诉了管仲。

　　管仲说，一般情况下，人们做某件事，要么是为了从中获得名誉，要么是为了获得利益。于是下命令，棺材的规格超过规定标准的，就斩断去世之人的身体，并且处罚那个掌管丧事的人。斩断遗体，就没有了名誉；处罚当事人，当事人就没有了利益。这样一来，人们自然就不会去做了。

　　中国人自古重视丧礼，《礼记》中就有大量关于丧礼的记载。人们往往带着补偿的心理，会给死者许多贵重的陪葬，也是家人给自己的一个心理安慰。管仲找到解决这类问题的方法，他的办法很有针对性，效果非常显著。

---

① 张觉等《韩非子译注》，上海古籍出版社 2012 年版，第 334 页。

三　外交类故事

外交类故事中,我们主要选取了齐国与其他诸侯国交往中的故事,管仲作为齐桓公的相,在这些故事中起到重要的作用。

1. 桓公伐楚盟屈完

题解:

这则故事出自《左传·僖公四年》,是当时历史的真实记录。

原文:

四年春,齐侯以诸侯之师侵蔡[1]。蔡溃,遂伐楚。

楚子使与师言曰:"君处北海[2],寡人处南海,唯是风马牛不相及也[3]。不虞君之涉吾地也[4],何故?"

管仲对曰:"昔召康公命我先君大公曰[5]:'五侯九伯[6],女实征之[7],以夹辅周室[8]。'赐我先君履[9],东至于海[10],西至于河[11],南至于穆陵[12],北至于无棣[13]。尔贡包茅不入[14],王祭不共,无以缩酒[15],寡人是征[16]。昭王南征而不复[17],寡人是问。"

对曰:"贡之不入,寡君之罪也,敢不共给?昭王之不复,君其问诸水滨。"师进,次于陉[18]。

夏,楚子使屈完如师[19]。师退,次于召陵[20]。

齐侯陈诸侯之师[21],与屈完乘而观之[22]。

齐侯曰:"岂不谷是为[23]?先君之好是继,与不谷同好,如何?"

对曰:"君惠徼福于敝邑之社稷[24],辱收寡君[25],寡君之愿也。"

齐侯曰:"以此众战,谁能御之[26]?以此攻城,何城不克?"

对曰:"君若以德绥诸侯[27],谁敢不服?君若以力,楚国方城以为城[28],汉水以为池[29],虽众,无所用之。"

屈完及诸侯盟[30]。

注释:

[1] 以:率领。

[2] 北海:泛指北方。海:即荒远的地方。下文中"南海"亦同此。

[3] 风:牛马雄雌相诱逐。

[4] 不虞:没想到。虞,料想。

[5] 召康公:即召公奭,周王室太保。大公:即太公望。

[6] 五侯九伯:泛指天下诸侯。

[7] 女:汝。

[8] 夹辅:辅助。

[9] 履:践踏。这里指征伐范围。

[10] 海:大海,指东海。

[11] 河:黄河。

[12] 穆陵:地名,今湖北省麻城市一带有穆陵关。

[13] 无棣:地名,在今河北省卢龙县一带。

[14] 贡:贡品。包茅:即菁茅,古人用此滤酒。

[15] 缩酒:以菁茅滤除酒中糟粕,称为缩酒。

[16] 寡人:管仲自称。征:问。

[17] 昭王:周成王之孙,到南方巡守,渡汉水,船坏溺死。

[18] 陉:楚地名。

[19] 屈完:楚国大臣的名字。

[20] 召陵:楚地名,在今河南省漯河市郾城区南。

[21] 陈:列陈。

[22] 乘:共乘一车。

[23] 不谷:诸侯自谦的称谓。

[24] 惠:副词,表示谦敬。徼福:求福。徼,求,取。

[25] 辱:副词,表示恭敬。收:安抚。

[26] 御:抵御。

[27] 绥:安抚。

[28] 方城:方城山,指桐柏山、大别山等山脉。

[29] 池:护城河。

[30] 盟:盟誓。

译文:

　　鲁僖公四年(前 656)春,齐桓公率领诸侯国的军队进攻蔡国,蔡军溃败。齐桓公与其他诸侯就趁机讨伐楚国。

　　楚成王派使臣到诸侯的军队中对桓公说:"君主您住在北海,寡人住在南海,相距甚远,互不相干,就是任凭发情的牛马奔跑,也不会相遇。没料到君主竟然来到我们楚国的疆域之内,这是什么原因呢?"

管仲回答说："当年召康公做天子的太保的时候，曾命令我们先君太公说：'天下诸侯，若有罪过，可以讨伐，以辅助周王室。'他还赐给我们先君征伐的范围，东到大海，西至黄河，南到穆陵，北至无棣。现在你们应该进贡的包茅不按时奉献，致使周王室祭祀的物品供应不上，无法用包茅来滤酒，我们为此而来贵国质问。另外，当年昭王南巡楚国却没有能够回去，这件事也要请你们做出解释。"

楚国使者回答说："贡品没能及时进献，这是我们君主的罪过。我们怎么敢不供给？至于昭王南巡未归的原因，您还是到水边去问问住在附近的那些人吧。"诸侯的军队又向前开进，临时驻扎在陉这个地方。

夏季，楚成王派屈完率兵前往诸侯军队驻地。诸侯的军队向后撤退，驻扎在召陵这个地方。

齐桓公将诸侯的军队摆成战阵，和屈完同乘一辆车检阅。

桓公说："我们起兵出征，难道是为了我个人吗？只不过是为了继承我们先君建立的友好关系罢了。你们楚国和我们建立友好关系吧，怎么样？"

屈完回答说："感谢君主惠临敝国，这是社稷的福气。蒙您不耻，与我国君主建立友好关系，这也是我们国君的愿望。"

齐桓公说："我用这么多的军队去作战，有谁能抵御得住呢？用这么多的军队去攻城，哪个城攻克不了呢？"

屈完回答说："君主如果用恩德来安抚诸侯，谁敢不服从呢？君王若依仗武力，我们楚国将以方城山作为城墙，以汉水作为护城河，与您抗争。您的军队虽然众多，恐怕也没有用处。"

随后，屈完就和诸侯订立了和好的盟约。

解读：

《左传》中行人辞令的语言艺术成就很高。行人负责国家的对外交往，在春秋大国争霸、小国图存的背景下，担负着国家的使命，一言一行举足轻重。由于外交使节所处国家状况不同、教育背景不同、个性也有很大差异，不同外交使节辞令展现出不同的风格。有的行人婉转含蓄，有的从容典雅，有的咄咄逼人。

春秋时期因为诸侯国交往逐渐增多，外交使节对国家肩负着使命，他们为了完成君主的嘱托，想尽办法，与协商国完成磋商，圆满完成外交任务。这些优美的外交辞令，体现出语言的魅力，成为有名的篇章，被后人传诵。

上面记载的故事发生在鲁僖公四年。齐桓公的夫人中,有一位来自蔡国,是君主的女儿,历史记载她的名字是蔡姬。蔡国君主与周天子是本家,所以也是姓姬。"蔡姬"表示这位女子出自蔡国,姬姓。齐桓公是姜太公的后代,姓姜。《左传》中有"同姓不婚,其生不蕃"的说法。意思是,同姓的家族不能结婚,只能不同姓氏的两个家族的人结婚。

蔡姬嫁给齐桓公,有一次在齐桓公的园囿中与桓公一起乘舟。蔡姬因为生于南国,可能比较熟悉水性,就在舟上抓住船帮,起劲晃动小船。桓公不会游泳,他非常害怕小船这样晃动,就让蔡姬赶快停手,蔡姬偏偏晃动得更厉害了。齐桓公很生气,把蔡姬打发回了娘家,大概是想让蔡姬认真反思。没承想,蔡姬回到蔡国后,把事情添油加醋地向时任君主的兄长诉说。蔡侯听后大怒,又将蔡姬改嫁了。

齐桓公原来的打算是过一段时间在把蔡姬接回来,现在蔡姬改嫁了,出乎了自己的预料,就想攻打蔡国,报复蔡姬改嫁的事。但是以这种旗号打别的国家,师出无名。于是管仲为桓公出主意,以对天子不敬的名义讨伐楚国,顺便进攻蔡国。

在这则故事中,桓公作为诸侯盟主,刚刚击败了蔡国军队,十分地骄横。楚国的使者屈完思维周密,言辞慷慨,毫不示弱,又彬彬有礼,以理服人,使齐桓公认识到,与楚国订立盟约,让楚国承认齐国的霸主地位,是最符合战略原则的事情。所以最后齐桓公与楚国的屈完订立盟约,维护了当时天下的安定和秩序。

2. 管仲谏桓公勿伐鲁

题解:

这则故事出自《管子·大匡》。《管子》中有《大匡》《中匡》《小匡》三篇,合称"三匡",主要讲述管仲、齐桓公时期的历史事件、历史故事。

原文:

公又内修兵。

三年,桓公将伐鲁,曰:"鲁与寡人近,于是其救宋也疾[1],寡人且诛焉[2]。"

管仲曰:"不可。臣闻有土之君,不勤于兵,不忌于辱[3],不辅其过[4],则社稷安。勤于兵,忌于辱,辅其过,则社稷危。"

公不听,兴师伐鲁,造于长勺[5]。鲁庄公兴师逆之[6],大败之。

桓公曰:"吾兵犹尚少,吾参围之,安能围我[7]?"

注释:

[1] 疾:快。

[2] 且:将,先。诛:讨伐。

[3] 忌:忌恨。辱:侮辱。

[4] 辅:助。过:过错。

[5] 造:至,到。长勺:鲁地名,在今山东曲阜境内。

[6] 逆:迎战。

[7] 安:怎么。围:抵抗。

译文:

桓公又在国内加强军备。

桓公三年,齐桓公要讨伐鲁国,说:"鲁国与我本来距离接近,他出兵救宋国太快,我要讨伐他。"

管仲说:"不可以。我听说有土之君,不勤于战争,不记恨小辱,不重复过错,国家就能安定。勤于战争,记恨小辱,重复过错,国家就会危险。"

桓公不听,兴兵伐鲁,军队到了长勺。鲁庄公出兵抵抗,大败齐军。

桓公说:"我的兵还是太少,我若以三倍的兵力包围鲁国军队,他们怎么能抵御我?"

解读:

春秋争霸过程中,齐桓公内修兵革以图霸业。齐桓公三年齐伐宋时,鲁与其他诸侯起兵救宋大败齐国。齐桓公大修军备,准备讨伐鲁国。管仲于是劝他不要轻易兴师伐鲁,否则齐国便危险了。

齐桓公不听管仲的劝告,兴师伐鲁,战于长勺,结果鲁庄公在曹刿的辅助下,大败齐国军队。齐桓公不服,认为是自己兵力太少。而管仲辅助齐桓公图霸业,在治理内政方面主张以德治国,军事辅之。

齐桓公伐鲁时,管仲认为勤于兵则社稷危,不勤于兵则社稷安,桓公不听而大败,表现出管仲很高的政治智慧。

3. 管仲助桓公尊王攘夷

题解：

这则故事出自《管子·大匡》。

原文：

五年,宋伐杞[1]。

桓公谓管仲与鲍叔曰:"夫宋,寡人固欲伐之[2],无若诸侯何! 夫杞,明王之后也[3]。今宋伐之,予欲救之,其可乎?"

管仲对曰:"不可。臣闻内政之不修,外举义不信[4]。君将外举义,以行先之[5],则诸侯可令附[6]。"

桓公曰:"于此不救,后无以伐宋[7]。"

管仲曰:"诸侯之君,不贪于土。贪于土必勤于兵,勤于兵必病于民[8],民病则多诈[9]。夫诈,密而后动者胜,诈则不信于民。夫不信于民则乱,内动则危于身[10]。是以古之人闻先王之道者,不竞于兵。"

桓公曰:"然则奚若[11]?"

管仲对曰:"以臣则不[12],而令人以重币使之[13]。使之而不可,君受而封之。"

桓公问鲍叔曰:"奚若?"

鲍叔曰:"公行夷吾之言。"

公乃命曹孙宿使于宋。宋不听,果伐杞。桓公筑缘陵以封之[14],予车百乘,甲一千。

明年,狄人伐邢,邢君出致于齐[15],桓公筑夷仪以封之[16],予车百乘,卒千人。

明年,狄人伐卫,卫君出致于虚[17],桓公且封之[18]。隰朋、宾胥无谏曰:"不可。三国所以亡者,绝以小[19]。今君薪封亡国[20],国尽若何?"

桓公问管仲曰:"奚若?"

管仲曰:"君有行之名,安得有其实[21]。君其行也。"

公又问鲍叔,鲍叔曰:"君行夷吾之言。"

桓公筑楚丘以封之[22],与车三百乘,甲五千。

既以封卫,明年,桓公问管仲:"将何行?"

管仲对曰："公内修政而劝民[23]，可以信于诸侯矣[24]。"

君许诺。乃轻税，弛关市之征[25]，为赋禄之制[26]。

注释：

[1] 杞：国名。公元前11世纪周封诸侯国。相传武王伐纣后，封夏禹后代东楼公于杞，称杞国。初在今河南杞县，后迁至今山东安丘东北。公元前445年灭于楚。

[2] 固：本来。

[3] 明王：圣明的君主。

[4] 举义：兴义兵。不信：得不到信服。

[5] 行：德行。

[6] 附：亲近，归附。

[7] 无以：没有理由。

[8] 病：困乏。

[9] 诈：欺骗。

[10] 内动：国内动乱。

[11] 奚若：怎么办。奚：何。

[12] 不：读为"否"，不这样办，指兴兵伐宋救杞。

[13] 使之：出使，与之交涉。

[14] 缘陵：城名。在今山东昌乐县东南，一名营陵。

[15] 致：至。

[16] 夷仪：城名。在今河北邢台县西。

[17] 虚：地名。

[18] 且：将要。

[19] 绝：止，只。以：因为。

[20] 蕲：通"祈"，求。

[21] 安：同"爰"，乃。实：实际利益。

[22] 楚丘：城名。在今河南滑县东。

[23] 劝：勉励。

[24] 信：取得信誉。

[25] 弛：松弛，放松。关：关卡。市：市场。

[26] 为：建立。赋：赋税。制：制度。

译文：

桓公五年，宋国征伐杞国。

桓公对管仲和鲍叔说："我本来是要讨伐宋国的，但奈何不了要救它的各国诸侯。杞国是圣明君主的后代，现在宋国伐杞，我想去救援，能行吗？"

管仲回答说："不行，我认为自己内政不修，向外举兵行义则无人信服。您现在要对外举兵，实行先外后内的政策，这能使各国诸侯亲附吗？"

桓公说："现在不去救，以后就没有机会讨伐宋国了。"

管仲说："诸侯国的君主不应贪得土地。贪地必然多动兵，多动兵必然使人民疲困，人民疲困做君主的只好多搞欺诈。靠欺诈可以战胜敌人，却不能取信于人民。不能取信于民就会动乱，一乱就会危及君主自身。所以古代懂得先王之道的人不搞军事竞争。"

桓公说："那该怎么办呢？"

管仲答道："依我之见，不如派人带重礼去宋国交涉，交涉不成，君上就收留杞君并加以封赐。"

桓公问鲍叔说："你认为怎么样？"

鲍叔说："您就照管夷吾的话去做。"

桓公便派大夫曹孙宿出使宋国。宋国不听，终于伐杞。桓公就修筑了缘陵城封赐给杞君，还送给兵车百辆，甲士千人。

次年，狄人伐邢，邢国国君逃到齐国，桓公又修筑夷仪城封赐给邢君，送了兵车百辆，甲士千人。

再一年，狄人伐卫，卫国国君逃到虚地。桓公又准备封赐，隰朋、宾胥无两人进谏说："不行。三个国家之所以灭亡，只是因为小。现在您只管封赐亡国，国土用尽了怎么办？"

桓公问管仲说："怎么办？"

管仲说："君上有了行义的名声，暂时怎么能顾及实际好处？您只管做好了。"

桓公又问鲍叔，鲍叔说："您还是照管夷吾的话去做。"

桓公便修筑了楚丘城封赐卫国君主，送了兵车三百辆，甲士五千人。

封赐了卫国国君以后，过了一年，桓公问管仲还应该做什么事情，管仲回答道："您整顿好内政，劝勉人民，就可以取信于诸侯了。"

桓公答应下来。于是减轻赋税，放宽关卡和市场的征收，建立赋税和俸禄制度。

解读：

此节主要涉及两件事。

一是齐桓公筑缘陵以封杞。此处记载与《左传》不同，《管子》明显有误。《左传·僖公十四年》载："诸侯城缘陵而迁杞焉。"鲁僖公十四年（前646），是齐桓公四十年（前646），而不是这里的齐桓公五年（前681），而且攻伐杞国的是淮夷，并不是宋国。

二是存邢救卫。当时中原地区各国面临周边少数民族的威胁，于是管仲为齐桓公制定了"尊王攘夷"的战略，以帮助诸侯，确保其领导地位。当邢、卫二国遭受狄人入侵，国都被攻下的时候，齐国保护邢国、卫国的百姓，筑城安置，馈赠车、马等。齐国的援助，渐渐抚平了两国遗民的战争创伤。《左传·闵公二年》说"邢迁如归，卫国忘亡"，指的就是这件事。经过不懈的努力，齐国终于获得了诸侯的亲附。①

4. 管仲助桓公行王道

题解：

这则故事出自《管子·大匡》。

原文：

五年，诸侯服，狄人伐[1]。

桓公告诸侯曰："请救伐。"诸侯许诺。

大侯车二百乘，卒二千人[2]；小侯车百乘，卒千人。诸侯皆许诺。

齐车千乘，卒可致缘陵[3]，战于后故[4]，败狄。其车甲与货，小侯受之。大侯近者，以其县分之[5]，不践其国[6]。

北州侯莫来，桓公遇南州侯于召陵，曰："狄为无道，犯天子令，以伐小国。以天子之故，敬天之命，令以救伐。北州侯莫至，上不听天子令，下无礼诸侯，寡人请诛于北州之侯[7]。"诸侯许诺。

桓公乃北伐令支[8]，下卑之山[9]，斩孤竹，遇山戎。

顾问管仲曰："将何行？"

管仲对曰："君教诸侯为民聚食，诸侯之兵不足者，君助之发[10]，如此则始可

---

① 郭浩《管子品读》，山东大学出版社2016年，第146页。

以加政矣[11]。”

桓公乃告诸侯,必足三年之食安,以其余修兵革。兵革不足以引其事[12],告齐,齐助之发。

既行之,公又问管仲曰:“何行?”

管仲对曰:“君会其君臣父子[13],则可以加政矣。”

公曰:“会之道奈何?”

曰:“诸侯毋专立妾以为妻[14],毋专杀大臣,无国劳,毋专予禄。士庶人毋专弃妻,毋曲堤[15],毋贮粟[16],毋禁材[17],行此卒岁[18],则始可以罚矣[19]。”

君乃布之于诸侯,诸侯许诺,受而行之。

卒岁,吴人伐谷[20],桓公告诸侯未遍,诸侯之师竭至,以待桓公。桓公以车千乘会诸侯于竟[21],都师未至[22],吴人逃。诸侯皆罢。

桓公归,问管仲曰:“将何行?”

管仲曰:“可以加政矣。”曰:“从今以往二年[23],嫡子不闻孝[24],不闻爱其弟,不闻敬老国良[25],三者无一焉,可诛也。诸侯之臣及国事[26],三年不闻善,可罚也。君有过,大夫不谏[27],士庶人有善,而大夫不进,可罚也。士庶人闻之吏,贤孝悌可赏也。”

桓公受而行之,近侯莫不请事[28],兵车之会六[29],乘车之会三[30],飨国四十有二年[31]。

注释:

[1] 伐:攻伐,侵略。

[2] 卒:步卒。

[3] 卒:最后。致:至。

[4] 后故:地名。

[5] 县:狄人的县。

[6] 践:践踏。国:都城。

[7] 诛:责罚。

[8] 令支:古国名,其地在今河北省滦县、迁安市之间,后为齐所灭。

[9] 下:攻取。

[10] 助之发:在其发兵时帮助他。

[11] 加政:对诸侯发号施令。

[12] 引:益,足。

［13］会：稽查，考核。

［14］毋：不准，不要。专：擅自。

［15］曲堤：筑堤防。

［16］贮粟：囤积粮食。

［17］禁材：封禁自然资源。

［18］卒：终。

［19］罚：惩罚不遵从者。

［20］谷：齐邑，在今山东东阿县。

［21］竟：同"境"。

［22］都师：国都的军队。

［23］以往：以后。

［24］嫡子：正妻所生之子。

［25］国良：国家的贤良。

［26］及：参与，办理。

［27］谏：谏诤，规劝。

［28］近侯：邻近的诸侯。请事：请求事奉。

［29］兵车：战车。

［30］乘车：安车，古代可以坐乘的小车。古车立乘，此为坐乘，故称安车。

［31］飨国：享有国家。飨：同"享"。

译文：

桓公五年，诸侯都亲附了，狄人又征伐别国。

桓公通告各国诸侯说："请援救被伐的国家。"诸侯答应了。

大国出兵车二百辆，兵士二千；小国出兵车百辆，兵士一千。诸侯们都同意了。

齐国派出了一千辆兵车，军队最终到达缘陵，在后故这个地方作战，打败了狄军。狄国的车甲物资给了小国诸侯，离得近的大国诸侯分到了狄国的县，但不许进入狄国的都城践踏。

北州侯没有来，桓公在召陵遇到南州侯，说："狄国无道，违反天子命令而擅自征伐小国，我们因为天子的缘故，敬顺天命救援被伐之国。北州侯不来，这是上不听天子之令，下无礼于各国诸侯。我提请大家惩罚北州侯。"诸侯们都同意。

桓公于是北伐令支国,攻下兔之山,夺取孤竹国,与山戎作战。

桓公问管仲:"还要做些什么?"

管仲答道:"您可以让各国诸侯为百姓积蓄粮食,诸侯中军备不足的您去帮助,这样就可以对他们实施政令了。"

桓公便通告各国诸侯,一定要备足三年的粮食,用余力增强兵备。兵备不足,可将情况告诉齐国,齐国会给予帮助。

办完了这件事后,桓公又问管仲说:"还要做什么?"

管仲答道:"您察看各国的君臣父子关系,就可以施加政令了。"

桓公说:"怎样去考察?"

管仲说:"诸侯不准擅自立妾为妻,不准擅自诛杀大臣,没有为国立功的不准擅加禄赏。士庶人不准擅自遗弃妻室,不准到处修筑堤坝,不准囤积粮食,不准垄断山林。这些政令实行一年,就可以执行处罚了。"

桓公便公布于诸侯,诸侯们都同意接受,并予以执行。

一年后,吴国人征伐齐国的谷城,桓公还没有通知到全部诸侯,诸侯们的军队就都到了,等待桓公。桓公以兵车千辆在国境与诸侯会合,齐国国都的军队还未开到,吴国人就逃走了。各国诸侯也都撤军。

桓公回来,问管仲说:"还要做什么?"

管仲说:"可以对各国诸侯施加政令了。"并说:"从今以后两年中,诸侯嫡子如果不孝敬父母,不友爱兄弟,不敬养良臣,三件应做的事一件都没有做的话,就可以重惩。诸侯国的大臣处理国事,三年没有好成效,可以处罚。国君有过,大夫不进谏,士人庶人有好的表现,大夫不举荐,可以处罚。士人、庶人贤良孝悌者被官府所知者,可以赏赐。"

桓公接受并且实行了这些建议,邻近齐国的诸侯都要求事奉齐国。有战争的兵车集会有六次,和平友好的乘车集会有三次,齐桓公享国达四十二年。

解读:

在管仲的辅助下,桓公五年的时候,诸侯国已经亲附齐国。北方的狄人南下征伐中原国家,齐桓公通告各个诸侯国,派出兵车与战士,打败狄人。齐桓公把缴获的狄人的物资分给小的诸侯国,把狄国的县分给附近的大国,消除北方其他隐患。对于没有参加征伐的诸侯,实施惩罚。要求中原诸侯国家储备足够的粮食和军事设备。在此基础上,按照宗周礼乐文明制度,要求诸侯国君、士人、庶人,使各个诸侯国家恢复宗周礼乐文明制度,得到各个诸侯国的赞同。齐桓公在位四十二年,九合诸侯,一匡天下,天下百姓都得到了恩惠。

在宗周礼乐文明制度基础上,管子认为,宗庙与社稷密切相关,不敬宗庙,则臣无君而下民轻辱其上,祭祀宗庙,使民知礼法而不犯上。祭祀宗亲旧故,使民知孝道、友爱。可以看出,每每祭祀,皆立足于对民众进行社会伦理规范。婚姻成为礼乐教化重要途径。婚姻成为管子实施教化的重要载体。针对家庭,对家族中人员均提出了行为规范的要求:父慈、子孝,兄宽、弟敬,夫固、妻贞。家庭成为教化最重要的起点。夫固妻贞,就是要求丈夫感情要敦厚不移,做妻子的要贞洁自爱,这既是教化的内容,也是礼法的要求。管子把维持婚姻和谐的理念借助齐国霸业,推广到天下诸侯,《大匡》记桓公问如何匡正天下诸侯,管仲说"诸侯毋专立妾以为妻",又说"士庶人毋专弃妻",这无疑是把"夫固妻贞"理念推广到天下诸侯国,起到匡正天下风俗的目的和保障社会和谐的作用。

5. 管仲劝桓公救杞、邢、卫三国

题解:

这则故事出自《管子·霸形》。

原文:

宋已取杞①,狄已拔邢、卫矣[1]。桓公起行筍虡之间[2]。管子从[3],至大钟之西,桓公南面而立,管仲北乡对之[4],大钟鸣[5]。

桓公视管仲曰:"乐夫,仲父?"

管子对曰:"此臣之所谓哀,非乐也。臣闻之,古者之言乐于钟磬之间者[6],不如此。言脱于口,而令行乎天下,游钟磬之间,而无四面兵革之忧。今君之事,言脱于口,令不得行于天下,在钟磬之间,而有四面兵革之忧。此臣之所谓哀,非乐也。"

桓公曰:"善。"

于是伐钟磬之县[7],并歌舞之乐[8]。宫中虚无人。

桓公曰:"寡人以伐钟磬之县[9],并歌舞之乐矣,请问所始,于国将为何行?"

管子对曰:"宋伐杞,狄伐邢、卫,而君之不救也,臣请以庆[10]。臣闻之,诸侯

---

① 杞:原作"相",根据明赵用贤本改。

争于强者,勿与分于强。今君何不定三君之居处哉?"

于是桓公曰:"诺。"

因命以车百乘,卒千人,以缘陵封杞[11]。车百乘,卒千人,以夷仪封邢[12]。车五百乘,卒五千人,以楚丘封卫[13]。

注释:

[1] 拔:攻取。

[2] 笋:悬挂钟磬的横木。虡:悬挂钟磬等乐器所用的木架,直木叫虡,横木叫笋。

[3] 从:跟从。

[4] 乡:通"向",面向。

[5] 钟:古代乐器。青铜制,悬挂于架上,以槌叩击发音,祭祀或宴享时用。

[6] 磬:古代打击乐器,状如曲尺,用玉、石或金属制成。

[7] 伐:斩断。县:同"悬",悬挂。

[8] 并:通"屏",除,退。

[9] 以:同"已",已经。

[10] 庆,庆幸,庆贺。

[11] 缘陵:地名。

[12] 夷仪:地名。

[13] 楚丘:地名。

译文:

宋国已经夺取杞国,狄人也已攻下邢、卫了,桓公还在钟磬中流连。管子跟着他走到大钟西侧,桓公向南而立,管子向北面对桓公站着,大钟响起来。

桓公看着管子说:"快乐吗,仲父?"

管子答道:"我说这是悲哀,而不是快乐。我听说古代君主称得上行乐于钟磬间的不是这样子。那是话说出口,命令就通行天下;流连钟磬之间,四方没有兵革之忧。现在您的状况,是话说出口,命令不能通行天下;身在钟磬之间,而有四方兵革之忧。我说这是悲哀,并非什么快乐。"

桓公说:"好。"

于是砍断挂钟磬的架子,撤掉歌舞之乐,宫中空虚无人。

桓公说:"我已砍断了悬挂的钟磬,撤掉了歌舞之乐,请问国事从哪里开始,做些什么?"

管子答说:"宋国伐杞,狄人伐邢、卫,您没有出兵救援,我是为您庆幸的。

据我听知,诸侯争强的时候就不必与之分强。现在您何不安定杞、邢、卫三国国君的住处呢?"

桓公说:"好。"

于是命令用车百乘、士卒千人,把缘陵封给杞国。以车百乘,士卒千人,把夷仪封给邢国。又以车五百乘,士卒五千人,把楚丘封给卫国。

解读:

齐桓公身体患病,感叹人生如白驹过隙,去日苦多,于是说道:"作为国君,我有千年吃不完的粮食,却无法做到长命百岁,现在生病了,不如及时行乐。"他开始纵情于声色之间,不理朝政。对此,管仲采取循循善诱、因势利导的方法来劝谏齐桓公。桓公天天玩乐,也有腻味的时候。

过了一段时间日,管仲从容进言说,君主最大的快乐莫过于言出于口,令行天下而无敌。齐桓公感觉非常有道理,于是兴师救助杞国、卫国、邢国,名扬天下。

管子认为,人不能贪图安逸。贪图安逸的危害是巨大的。贪图安逸,人就没有雄心大志,害怕艰苦的生活,惧怕磨难,面对挫折则容易放弃自己的志向,整天沉迷于安稳的生活,陶醉于快乐的享受,根本不可能磨炼出坚强的意志,而且还有可能因为贪图享乐而招致灾祸。所以,人千万不能贪图安逸,否则将一事无成,甚至因此害了自己。

6. 召陵之盟

题解:

这则故事出自《管子·霸形》。

原文:

桓公召管仲曰:"寡人闻之,善人者,人亦善之。今楚王之善寡人一甚矣,寡人不善,将拂于道,仲父何不遂交楚哉?"

管子对曰:"不可。楚人攻宋、郑,烧焫熯焚郑地[1],使城坏者不得复筑也,屋之烧者不得复葺也[2],令人有丧雌雄[3],居室如鸟鼠处穴。要宋田夹塞两川[4],使水不得东流,东山之西,水深灭垄[5],四百里而后可田也。楚欲吞宋、郑,思人众兵强而能害己者必齐也,是欲以文克齐[6],而以武取宋、郑也。楚取宋、郑而不知禁[7],是失宋、郑也。禁之则是又不信于楚也,知失于内[8],兵困于外，非善举也。"

桓公曰："善。然则若何？"

管子对曰："请兴兵而南存宋、郑，而令曰：毋攻楚。言与楚王遇[9]，至于遇上[10]，而以郑城与宋水为请[11]。楚若许，则是我以文令也[12]。楚若不许，则遂以武令焉[13]。"

桓公曰："善。"

于是遂兴兵而南存宋、郑，与楚王遇于召陵之上[14]，而令于遇上曰："毋贮粟[15]，毋曲堤[16]，毋擅废嫡子，毋置妾以为妻[17]。"

因以郑城与宋水为请于楚。楚人不许，遂退七十里而舍[18]。使军人城郑南之地[19]，立百代城焉。曰："自此而北，至于河者[20]，郑自城之[21]。"

而楚不敢隳也[22]。东发宋田，夹两川，使水复东流，而楚不敢塞也。遂南伐，及逾汝城[23]，济于汝水，望汶山[24]，南致楚、越之君[25]，而西伐秦，北伐狄，东存晋公于南，北伐孤竹，还，存燕公。兵车之会六，乘车之会三，九合诸侯，反位已霸。修钟磬而复乐[26]。

管子曰："此臣之所谓乐也。"

注释：

[1] 烧焫燂：指用火攻。焫：焚烧。燂：焚烧，燃烧。

[2] 葺：修缮。

[3] 丧雌雄：丧失配偶。

[4] 要：截取。

[5] 灭垝：淹没了墙。垝：损坏的墙。

[6] 文：和平方指通过外交手段。克：制服。

[7] 禁：阻止。

[8] 知：同"智"，计谋。

[9] 遇：会谈。

[10] 上：处所。

[11] 请：提出问题，请求解决。

[12] 文令：以和平方式命令。

[13] 遂：就。武令：即用武力征伐。

[14] 召陵：楚地，在今河南郾城县东。

[15] 毋：无，不要。贮粟：囤积粮食。

[16] 曲堤:遍设堤防。

[17] 置:立。

[18] 遂:于是。舍:驻扎。

[19] 城:筑城。

[20] 河:黄河。

[21] 自城:自己筑城。

[22] 隳:毁坏。

[23] 方城:楚国北部长城,古为九塞之一,从今河南方城县北至邓县。

[24] 汶山:楚山名。

[25] 致:召见。

[26] 复:再,重新。

译文:

桓公召见管仲说:"我听说对别人好的人别人也应对他好。现在楚王对我太好了,我如果不对他好,这将不合道理,仲父何不就和楚国友好呢?"

管子答道:"不可。楚国人攻打宋国和郑国,火烧郑地,使城池破坏得不能重建,房屋烧毁得不能复修,使男女丧失配偶,住房如同鸟窝鼠洞。又截断宋国的农田,堵塞两道河流,使河水不能东流,导致东山西面水深过墙,四百里外才能耕种土地。楚国想吞并宋国、郑国,但想到人多兵强能危害自己的一定是齐国,因而想用文的办法制住齐国,而用武的办法取得宋国、郑国。楚国攻取宋、郑,我们如果不去制止,就失去了宋、郑两国的信任。如果去制止,又失信于楚国。在国内策略有误,军队就会被困于国外,这不是好办法。"

桓公说:"说的好。那么该怎样做呢?"

管子答道:"请兴兵南下保全宋、郑,同时下令说:'不要进攻楚国,我将与楚王见面。'到见面的地方,就提出郑国被烧的城池和宋国被堵的河水问题。楚国如果答应解决,就等于我们用文的方式命令他;如果不答应,就要用武的方式来征伐了。"

桓公说:"好。"

于是就调兵南下保全宋、郑,与楚王在召陵相遇。桓公在相遇之处下令说:"不准囤积粮食,不准到处修筑堤坝,不准擅自废除嫡子,不准立妾为妻。"

同时提出郑城与宋水问题,问于楚国。楚国人不答应解决,于是后退七十里驻扎军队。齐桓公命令军队在郑国南边筑了百代城,并宣布:"从这里往北到黄河,由郑国自己修筑城郭。"

楚国不敢拆毁。东面开放了宋国的农田,修复两条河道,使河水重新向东流,楚国也不敢再堵塞。于是桓公南伐楚国,越过方城,渡过汝水,进军汶山。南行召见楚、越国君。西伐秦国,北伐狄国,东面保全晋公;北伐孤竹,回兵保全燕公。乘兵车会集诸侯六次,乘安车会集诸侯三次,总共九次会集诸侯。后霸业已成,便修治钟磬乐器重新宴乐。

管仲说:"这才是我所说的快乐啊!"

解读:

春秋初期,作为南方大国,楚国以蛮夷自居,藐视周天子,觊觎中原国家。楚王攻打宋、郑,并烧略城池,水淹农田。为防止北方强国齐国的干预,主动馈赠重宝、币帛,以交好齐国。如此一来,齐桓公感到左右为难,不好直接出兵干涉。

管仲主张采取"先礼后兵"的方法,与楚国君主在召陵会见。齐国要求楚国放弃毁城堵水的行为。楚国没有答应,但慑于齐国的军事压力,将军队后撤七十里。齐国趁机帮助宋国修复城池,开通郑国被堵水道,恢复了两国百姓的生产生活。齐国通过召陵之盟,不战而屈人之兵,成功化解宋、郑两国的危机。等到齐桓公霸业成就之后,"修钟磬而复乐",享受成功的愉悦。

此节主题是召陵之盟,是齐、楚两大强国之间的第一次较量,在管仲的精心谋划下,齐国最终占得上风。

7. 管仲言勿救莒

题解:

这则故事出自《管子·小问》。

原文:

楚伐莒[1],莒君使人求救于齐,桓公将救之。

管仲曰:"君勿救也。"

公曰:"其故何也?"

管仲对曰:"臣与其使者言[2],三辱其君[3],颜色不变。臣使官无满其礼[4],三强。其使者争之以死。莒君,小人也。君勿救。"

桓公果不救而莒亡。

注释：

[1] 莒：诸侯国名，故址在今山东省莒县。

[2] 言：对话。

[3] 辱：污辱。

[4] 礼：礼节。

译文：

楚国伐莒国，莒国国君派人向齐桓公求救，桓公准备去救助莒国。

管仲说："君主不要去救莒国。"

桓公说："为什么？"

管仲答道："我同莒国的使臣谈话，三次侮辱他的国君，他都不变色。我叫官员不要对他尽礼，故意三亏其礼，而他却拼死力争。用这种人的莒国国君，看来也是小人。您不要去救他。"

桓公果然没有去救莒国，莒国因而灭亡。

解读：

春秋时期，各国之间进行频繁的兼并战争。大的诸侯国不断发动对小国的战争，借以吞并对方，扩大自己的疆土与实力。莒国是小国，楚国为强国。楚国攻打莒国，莒国国君派人向齐桓公求救。齐桓公想要派兵去解莒国之危，管仲阻止。管仲说他曾同莒国的使臣谈话，三次侮辱莒国的国君，但这位使臣没有改变脸色。管仲又让官员对这位莒国的使臣不尽礼节，这位使臣竟然以死相争。管仲以为，有这样使臣的莒国之君，看来是个小人，因此劝说齐桓公不要去救莒。莒国果然灭亡了。

管仲对莒国使者的观察分析透彻。管仲当面羞辱他的君主，他其面不改色。而当让他接受较低的礼遇时，他却以死抗争。此种人心中没有君主、国家，唯有自己的私利，有这种品行的使者，莒国国君的品行也就可想而知了，国家的前景也可以做出推断。

8. 管仲劝桓公服绨

题解：

　　这则故事出自《管子·轻重戊》。

原文：

　　桓公曰："鲁梁之于齐也[1]，千谷也[2]，蜂螫也[3]，齿之有唇也。今吾欲下鲁梁[4]，何行而可[5]？"

　　管子对曰："鲁梁之民，俗为绨[6]。公服绨[7]，令左右服之，民从而服之。公因令齐勿敢为[8]，必仰于鲁梁[9]，则是鲁梁释其农事而作绨矣[10]。"

　　桓公曰："诺。"

　　即为服于泰山之阳[11]，十日而服之。

　　管子告鲁梁之贾人曰："子为我致绨千匹[12]，赐子金三百斤。什至而金三千斤[13]。"

　　则是鲁梁不赋于民[14]，财用足也。鲁梁之君闻之，则教其民为绨。十三月，而管子令人之鲁梁，鲁梁郭中之民，道路扬尘，十步不相见，绁缭而踵相随[15]，车毂齺骑连伍而行[16]。

　　管子曰："鲁梁可下矣。"

　　公曰："奈何？"

　　管子对曰："公宜服帛，率民去绨[17]。闭关，毋与鲁梁通使。"

　　公曰："诺。"

　　后十月，管子令人之鲁梁。鲁梁之民饿馁相及[18]，应声之正无以给上[19]。鲁梁之君即令其民去绨修农[20]。谷不可以三月而得。鲁梁之人籴十百[21]，齐粜十钱[22]。二十四月，鲁梁之民归齐者十分之六。三年，鲁梁之君请服。

注释：

[1] 鲁梁：鲁国、梁国。

[2] 千谷：土地上生长的粮食。千：通"阡"。

[3] 蜂螫：蜂的蜇刺。

[4] 下：征服。

[5] 何行：怎么做。

[6] 俗为绨：有织绨的习俗。绨：一种厚实平滑而有光泽的丝织品。

[7] 服绨：穿用绨制成的衣服。服：穿上。

[8] 勿敢为：这里指不敢织绨。

[9] 仰：依靠。

[10] 释：放下，放弃。

[11] 为服：制作绨服。阳：南面。

[12] 致：贩来。

[13] 什：十倍。

[14] 赋：征收赋税。

[15] 緎：当作"曳"，据王念孙说改。曳緰：拽着鞋。踵：脚后跟。

[16] 车毂齺：车毂相交错。齺：本义为牙齿相交错的样子。连伍：连接成行。

[17] 去绨：不再穿用绨做成的衣服。

[18] 馁：饥饿。及：连续不断。

[19] 应声：指速度很快。征：征收赋税。

[20] 去绨修农：停止织绨从事农业。

[21] 籴：买入粮食。

[22] 粜：卖出粮食。

译文：

桓公说："鲁国、梁国对于齐国，就如阡陌中的庄稼，蜂身上的尾螫，牙齿外面的嘴唇一样，如今我想攻克鲁、梁，怎么做才可以成功？"

管仲回答说："鲁、梁两国的百姓，历来以织绨为业。您带头穿绨做的衣服，令左右近臣也穿，百姓就会跟着穿。您接着下令齐国不要织绨，必须依靠从鲁、梁进口，这样鲁、梁就会放弃农业而都去织绨了。"

桓公说："好。"

马上在靠近鲁、梁的泰山南面制作绨服，十天就穿上了。

管仲告诉鲁、梁的商人说："你们为我采购绨一千匹，我给你们三百斤金，采购一万匹，就给三千斤金。"

于是鲁、梁二国无需向百姓征税，因为财用足够用了。鲁、梁二国国君听到这个消息，就要求他们的百姓都织绨。十三个月后，管仲派人到鲁、梁打探。鲁、梁城中的百姓云集，路上尘土飞扬，相距十步就互相看不清楚。人们接踵而行，不能举步。车辆则轮子相撞，车骑也只能列队而行。

管仲说："鲁、梁可以拿下了。"

桓公问："怎么做？"

管仲回答说："您可以改穿帛衣，带领百姓不再穿绨。同时封闭关卡，不与鲁、梁通使往来。"

桓公说："好。"

十个月以后，管仲再派人去鲁、梁打探。鲁、梁的百姓相继陷于饥饿之中。平时立即可以征集到的正常赋税都交不起。鲁、梁两国的国君赶紧下令百姓不要织绨，转而务农，但粮食不可能在三个月内生产出来。鲁、梁的百姓买粮每石要花费一千钱，齐国的粮价每石才十钱。两年后，鲁、梁的百姓有十分之六投奔了齐国。三年后，鲁、梁的国君也请求归顺齐国了。

解读：

从地理位置上看，鲁国与梁国是齐国的近邻，两国的百姓，从来是以织绨为业，并发展农业。桓公向管仲询问如何占领鲁梁，管仲建议齐桓公带动全国穿绨做的衣服。桓公于是让人在泰山之南做绨服并穿之，而且下令齐国不准织绨，必须仰给于鲁、梁二国，并以高价收购绨。鲁、梁国君听到这个消息，就要求他们的百姓都织绨，不再耕地。十三个月以后，管仲派人到鲁、梁打探，发现鲁、梁的百姓都忙于织绨，城市中车水马龙，人们比肩摩踵，不再从事农业。管仲认为这正是制服鲁、梁的时机，就下令封闭关卡，断绝与二国经济往来。十个月后，鲁、梁的百姓都陷于饥饿之中，二十四个月之后，鲁、梁的百姓有十分之六投奔齐国。三年后，鲁、梁的国君也都归顺齐国了。管仲深谙取予之道，通过经济活动，给诸侯国以小利，齐国获得了更大的利润，力量更加强大。

9. 管仲向桓公论降服莱、莒

题解：

这则故事出自《管子·轻重戊》。

原文：

桓公问于管子曰："莱、莒与柴田相并[1]，为之奈何？"

管子对曰："莱、莒之山生柴，君其率白徒之卒[2]，铸庄山之金以为币，重莱之柴贾[3]。"

莱君闻之，告左右曰："金币者，人之所重也。柴者，吾国之奇出也[4]。以吾国之奇出，尽齐之重宝^[5]，则齐可并也^[6]。"

莱即释其耕农而治柴^[7]。管子即令隰朋反农^[8]。二年，桓公止柴^[9]，莱、莒之籴三百七十^[10]，齐粜十钱^[11]，莱、莒之民降齐者十分之七。二十八月，莱、莒之君请服^[12]。

注释：

[1] 与：以。柴：薪柴，即作燃料的木柴。田：农业。并：并行。

[2] 白徒：未经训练的兵卒，临时征集的壮丁。

[3] 重：提高。贾：价格。

[4] 奇出：特产。

[5] 尽：换尽。

[6] 并：兼并。

[7] 释：放弃。治：备办。

[8] 反农：重新从事农业生产。反：同"返"。

[9] 止柴：停止购买薪柴。

[10] 籴：买入粮食。三百七十：三百七十钱，指莱、莒两国的粮价。

[11] 粜：卖出粮食。十钱：齐国的粮价。

[12] 服：顺从，降服。

译文：

桓公问管仲说："莱、莒两国，砍柴和农业并重，应如何对付他们？"

管仲回答说："莱、莒两国的山上盛产薪柴，您可率新征士兵，开采庄山的铜矿，铸造钱币，提高莱国薪柴的价格。"

莱国国君听说此事，对左右近臣说："钱币，是人们所宝贵的。薪柴，是我国的特产。用我国的特产，换尽齐国的钱币，就可吞并齐国了。"

于是莱国放弃农业，而专事打柴。管仲则命令隰朋让百姓重新务农。两年后，桓公停止购薪柴。莱、莒两国的粮价高达每石三百七十钱，而齐国的粮价每石仅十钱。莱、莒两国的百姓十分之七投降齐国。二十八个月后，莱、莒两国的国君也请求归顺。

解读：

管仲相齐，重视农业和经济，国富民强。莱国与莒国是东夷建立的国家。此节中，莱、莒二国盛产薪柴，于是齐国开山铸币，用钱币高价收购薪材。而这两国国君只图钱币之利，号召百姓上山砍伐薪柴，结果农事荒废。齐国则重视农业生产。两年后，齐国停止从莱、莒进口薪柴。莱、莒二国因粮食匮乏，粮价一下上涨到三百七十钱，而齐国只有十钱。饥馑之下，十分之七的莱、莒百姓来到齐国谋生。二十八个月之后，莱国、莒国的经济崩溃，莱、莒之君没有办法，只好归顺齐国。

这里讲述的管仲的柴田之谋，表现了管仲重视农业生产，也说明农业是国家的根本。莱、莒两个国家就是因为缺乏粮食，导致粮价高涨，百姓无法生活，而来到齐国，莱国、莒国的国君因为粮食不足以支撑百姓的生活，最终臣服于齐国，齐国因此更加强盛。

10. 管仲向桓公论降服楚国

题解：

这则故事出自《管子·轻重戊》。

原文：

桓公问于管子曰："楚者，山东之强国也[1]，其人民习战斗之道。举兵伐之，恐力不能过。兵弊于楚[2]，功不成于周[3]，为之奈何？"

管子对曰："即以战斗之道与之矣[4]。"

公曰："何谓也？"

管子对曰："公贵买其鹿。"

桓公即为百里之城，使人之楚买生鹿[5]。楚生鹿当一而八万[6]。管子即令桓公与民通轻重，藏谷什之六[7]。令左司马伯公将白徒而铸钱于庄山[8]。令中大夫王邑载钱二千万，求生鹿于楚。

楚王闻之，告其相曰："彼金钱，人之所重也，国之所以存，明王之所以赏有功。禽兽者群害也，明王之所弃逐也。今齐以其重宝贵买吾群害，则是楚之福也。天且以齐私楚也。子告吾民，急求生鹿，以尽齐之宝。"楚人即释其耕农而田鹿[9]。

管子告楚之贾人曰："子为我致生鹿，二十赐子金百斤。什至而金千斤也[10]。"则是楚不赋于民而财用足也。楚之男于居外[11]，女子居涂[12]。隰朋教民藏粟五倍，楚以生鹿藏钱五倍。

管子曰："楚可下矣。"

公曰："奈何？"

管子对曰："楚钱五倍，其君且自得而修谷[13]。钱五倍，是楚强也。"

桓公曰："诺。"

因令人闭关，不与楚通使。楚王果自得而修谷，谷不可三月而得也，楚籴四百[14]。齐因令人载粟处芊之南[15]，楚人降齐者十分之四。三年而楚服。

注释：

[1] 山东：指太行山以东的地区。

[2] 弊：败。

[3] 功：立功。

[4] 与：当，应对。

[5] 之：往，去。

[6] 当：值，等于。

[7] 什之六：十分之六。

[8] 将：率领。白徒：临时征集的壮丁。

[9] 田：捕猎。

[10] 什：十倍。

[11] 外：野外，田野。

[12] 涂：路上，路途。

[13] 且：将。自得：自以为得计。

[14] 四百：指楚国的粮价。

[15] 芊：楚地名。

译文：

桓公问管仲说："楚国，是山东的强国。楚国的百姓善于战斗。我想举兵攻伐楚国，又担心实力不行。军事上失利于楚，就不能为周朝建功。这怎么办？"

管子回答说："那就把军事上的竞争之道用于经济上好了。"

桓公问："此话怎讲？"

管仲回答说："您可高价购买楚国的生鹿。"

桓公营建了百里鹿苑，派人到楚国，购买生鹿。楚国的生鹿一头价值八万。管仲先让桓公运用轻重之策，通过民间买卖贮藏了国内粮食的十分之六。派左司马伯公带领新丁到庄山铸币，派中大夫王邑带着二千万钱，到楚国购买生鹿。

楚国君主听说此事，对他的相说："金钱是人们所看重的，国家因它而能维持,明王用它来奖赏功臣。而禽兽,本是一群害物,是明王所不肯要的。如今齐国用重金高价来购买我们的害物,这真是楚国的福分。上天简直是要把齐国送给楚国了。你告诉老百姓,赶快猎取生鹿,以换尽齐国的金钱。"于是楚国的百姓都弃农业而猎鹿。

管仲告诉楚国的商人:"你们为我贩来生鹿二十只,我给你们一百斤金,贩来二百只,就给金千斤。"这样,楚国无需向百姓征税,财用就充足了。楚国的男子在外猎鹿,妇女在路上贩鹿。隰朋让齐国的百姓增加了五倍的存粮,楚国则因卖鹿增加了五倍的存款。

管仲说:"楚国可以征服了。"

桓公问:"为什么?"

管仲解释说:"楚国的钱币增加了五倍,楚王一定会自鸣得意,而漫不经心地经营农业,因为钱增加五倍,是楚国强盛的象征。"

桓公说:"对。"

于是派人封闭关卡,不与楚国通使往来。楚王果然以自得的心情经营农业,但粮食不可能三个月就生产出来。楚国粮食卖价高达每石四百钱。齐国便派人将粮食运到芊地南部出售,楚国投降齐国的人有十分之四。三年后楚国就降服了齐国。

解读:

齐桓公即位以后,励精图治,在管仲的辅助下,积极进行旨在富国强兵的改革。当时,楚国很强盛,不断威胁中原各国,齐桓公若成霸业,必须挫败楚国。楚国强盛,人民习于战斗之道。齐桓公向管子询问解决的办法,管仲建议齐桓公出高价去买楚国的生鹿。齐桓公接纳了管子的建议,修筑了方圆达百里的鹿苑,之后便派人去买楚国的鹿。楚王得知后,向丞相说,钱币是谁都重视的,国家靠它维持,明主靠它赏赐功臣。禽兽,不过是一群害物,是明君所不肯要的。现在齐国用贵重的宝物高价收买我们的害兽,真是楚国的福分。于是,通告全国去猎取生鹿。楚国百姓不论男女都忙于猎鹿荒废了农业生产。楚国粮食供应量不足,百姓十分之四的人投降了齐国。经过三年时间,楚国降服。管仲抓住楚君以鹿为患的心理,楚君自认为卖生鹿有利于楚国,动员百姓去捕鹿,影响了农田的耕种,导致在经济贸易中败给了齐国,最后只好降服。

11. 管仲向桓公论降服代国

题解：

这则故事出自《管子·轻重戊》。

原文：

桓公问于管子曰："代国之出[1]，何有？"

管子对曰："代之出，狐白之皮[2]，公其贵买之。"管子曰："狐白应阴阳之变，六月而一见。公贵买之，代人忘其难得，喜其贵买，必相率而求之。则是齐金钱不必出，代民必去其本而居山林之中[3]。离枝闻之[4]，必侵其北。离枝侵其北，代必归于齐。公曰今齐载金钱而往。"

桓公曰："诺。"

即令中大夫王师北将人徒载金钱之代谷之上[5]，求狐白之皮。

代王闻之，即告其相曰："代之所以弱于离枝者，以无金钱也。今齐乃以金钱求狐白之皮，是代之福也。子急令民求狐白之皮，以致齐之币[6]，寡人将以来离枝之民[7]。"

代人果去其本，处山林之中，求狐白之皮。二十四月而不得一。离枝闻之，则侵其北。代王闻之，大恐，则将其士卒葆于代谷之上[8]。离枝遂侵其北，王即将其士卒，愿以下齐[9]。齐未亡一钱币，修使三年而代服。

注释：

[1] 代：古国名，其地在今河北蔚县周围。出：出产的物品。

[2] 狐白：狐狸腋下的白毛皮。

[3] 本：农业。

[4] 离枝：古国名。

[5] 人徒：民众。

[6] 致：换取。

[7] 来：招致。

[8] 葆：保卫。

[9] 下：归服。

译文：

桓公问管仲说："代国有什么特产？"

管仲回答说:"代国的特产为狐白的皮毛,您可出高价收购。"管仲接着说:"狐腋的白毛根据寒暑变化,六个月才出现一次。您以高价收购,代国人忘其难得,喜其价高,一定会成群结队地去猎取。这样,齐国还没有真正出钱,代国百姓就一定放弃农业而进到深山去猎狐。离枝国听到这个消息,必然入侵代国的北部。离枝国入侵其北,代国必定会归降齐国。您现在可令人带钱去收购。"

桓公说:"好。"

桓公便派中大夫王师北带着人拿着钱到代谷地区,求购狐白之皮。

代王听说此事,马上对其相说:"代国之所以比离枝国弱,就是因为没有钱。现在齐国出钱收购我们狐白的毛皮,这是代国的福气。你赶快下令百姓去收取狐白之皮,以换取齐国的钱币。我将用这笔钱招来离枝的百姓。"

代国百姓果然放下农业生产,走进山林,搜求狐白之皮。二十四个月还凑不成一张毛皮。离枝听说后,准备入侵代国北部。代王知道后,大为恐慌,就率领士卒保卫代谷地区。离枝最终占领代国北部领土。代王只好率领士兵自愿归服齐国。齐国没有花去一个钱,仅仅派使通商三年,代国就降服了。

解读:

春秋时代开始,诸侯国中的大国不断兼并小国,以强大自己的国家。齐桓公除与楚等大国争霸以外,也注意征服小国,加强齐国实力。代国便是齐国要降服的国家。当时代国有一种狐白之毛,十分难得。代国的邻国离枝国一直想占领代国。管仲考虑到这两种因素,建议齐桓公以重金购买代国的狐白之皮。管仲估计,代国人忘其难得,喜其高价,一定会纷纷猎取。这样,齐国还没有真正出钱,代国百姓就会放弃农业而进入深山去猎狐。离枝国闻之,必侵其北,代国必将降齐。

齐桓公采纳了管仲的建议,派人拿着钱到代谷地区,收购这种狐白的毛皮。代王让代国人进山林,搜求狐白之皮,但两年也没有凑成一张。离枝国趁机侵入代国的北部,代王只好归顺齐国。齐国没有花去多少钱,就成功降服代国。

管仲以狐白为缘由,以重金为诱惑,假借离枝国之手,轻而易举地使代国归服。管仲的轻重论包含着丰富的政治、经济、军事思想内容,在外交上发挥了重要的作用,显示出管仲超凡的谋略。

12. 管仲向桓公论降服衡山国

题解：

  这则故事出自《管子·轻重戊》。

原文：

  桓公问于管子曰："吾欲制衡山之术[1]，为之奈何？"

  管子对曰："公其令人贵买衡山之械器而卖之[2]，燕、代必从公而买之。秦、赵闻之，必与公争之。衡山之械器必倍其贾[3]。天下争之，衡山械器必什倍以上。"

  公曰："诺。"

  因令人之衡山求买械器[4]，不敢辩其贵贾[5]。齐修械器于衡山十月[6]，燕、代闻之，果令人之衡山求买械器。燕、代修三月，秦国闻之，果令人之衡山求买械器。

  衡山之君告其相曰："天下争吾械器，令其买再什以上。"

  衡山之民释其本，修械器之巧。齐即令隰朋漕粟于赵[7]。赵籴十五[8]，隰朋取之石五十[9]。天下闻之，载粟而之齐。齐修械器十七月，修粜五月，即闭关不与衡山通使。燕、代、秦、赵即引其使而归[10]。衡山械器尽，鲁削衡山之南，齐削衡山之北。内自量无械器以应二敌[11]，即奉国而归齐矣[12]。

注释：

[1] 制：控制。术：方法。

[2] 械器：器械，器具。

[3] 倍：增长一倍。贾：价格。

[4] 之：到。

[5] 辩：讨价还价。

[6] 修：备置。

[7] 漕：水路。

[8] 十五：每石十五钱。

[9] 石五十：每石五十钱。

[10] 引：召。

[11] 内：内心。

[12] 奉：献。

译文：

桓公问管仲说："我想寻求制服衡山国的办法，怎么办才好？"

管仲回答说："您可派人高价购买衡山国的械器再转卖。燕国、代国一定会跟着您去购买，秦国、赵国听说后，也一定会与您争着买。衡山国的械器必定会涨价一倍。等到天下各诸侯都争着买的时候，衡山国的械器就会涨价十倍。"

桓公说："行。"

于是派人到衡山国去购买械器，也不同他们讨价还价。齐国从衡山国收购械器十个月后，燕国、代国得知，果然也派人到衡山国求购械器。燕国、代国购买三个月后，秦国得知，果然也派人到衡山国求购械器。

衡山国的国君告诉其相说："天下各国争着购买我国的械器，可使价格再提高十倍以上。"

衡山国的百姓都舍弃农业，钻研制造械器的技巧。齐国则派隰朋到赵国从水路购运粮食。赵国的粮价每石十五钱，隰朋按每石五十钱收购。天下各国听说，都将粮食运到齐国。齐国收购械器十七个月，收购粮食五个月，然后封闭了关卡，断绝与衡山国的往来。燕国、代国、秦国、赵国也从衡山国召回使者。衡山国的械器都卖光了，鲁国攻占了衡山国的南部，齐国攻占了衡山国的北部。衡山国国君自己考量没有兵器招架两个敌国，便举国归降了齐国。

解读：

管仲把轻重之术用于对外贸易中，取得了巨大成就。桓公想制服衡山国，向管子咨询，有什么办法。管仲认为可以派人高价购买衡山的器械，使燕国、代国、秦国、赵国争相购买，衡山国的器械必然大大涨价。齐桓公采纳了管仲的建议，派人高价去收购衡山器械，燕国，代国、秦国也风闻而争购，衡山国兵器大涨。衡山国放弃了农业生产而专门营造器械。

齐国又从赵国高价购买粮食，天下诸侯国听说后，都把粮食运到齐国去卖。齐国买足了器械、粮食，封闭关卡，断绝了与衡山国的往来，燕国、代国、秦国、赵国也不买衡山国的器械了。衡山国处在困顿之中，鲁国趁机从衡山国的南面进攻，齐国从衡山国的北面进攻，衡山国的君主自己估计了一下，发现没有足够的器械用来抵御鲁国、齐国的进攻，只好归降了齐国。

管子把轻重之术运用到贸易中，来制服他国，显出其极高的经济才干。他通过对贸易改变衡山国政策，使之从重视农业转向生产器械，对齐国形成依赖。衡山国没有足够的粮食，受制于别的国家，最终被齐国征服。管仲运用轻重之术使国家得到了财富,又不费一兵一卒,这是管仲之谋的高妙。

《管子·轻重戊》中很多轻重理论的经典案例,主旨是利用经济贸易来制服其他国家。主要通过贸易,利用高价,诱使别国放弃农业生产,从事其他行业,然后中断贸易,垄断粮食价格,最终使别国陷入饥馑,被迫向齐国臣服。

13. 管仲劝桓公智伐蔡国

题解:

这则故事出自《韩非子·外储说左上》,《史记》中也有相关记载。

原文:

蔡女为桓公妻[1],桓公与之乘舟。夫人荡舟,桓公大惧,禁之不止,怒而出之[2],乃且复召之[3],因复更嫁之[4]。桓公大怒,将伐蔡。

仲父谏曰[5]:"夫以寝席之戏[6],不足以伐人之国,功业不可冀也[7],请无以此为稽也[8]。"

桓公不听。

仲父曰:"必不得已,楚之菁茅不贡于天子三年矣[9],君不如举兵为天子伐楚。楚服,因还袭蔡,曰'余为天子伐楚,而蔡不以兵听从',遂灭之。此义于名而利于实,故必有为天子诛之名,而有报仇之实。"

注释:

[1] 蔡女:蔡侯的女儿。蔡:诸侯国,姬姓,位于今河南省上蔡县。

[2] 出:驱逐。

[3] 且:将要。

[4] 更:改。

[5] 仲父:即管仲。齐桓公尊敬管仲,称之为仲父。

[6] 寝席之戏:指夫妻间的玩笑。

[7] 冀:希望,指望。

[8] 稽:计较。

[9] 菁茅:古时诸侯国向周天子进贡的礼物,又称包茅、三脊茅,是江、淮之间出产的草茎呈三棱形的一种茅草,古代在祭祀、封禅时用来滤酒。

译文:

蔡侯的女儿蔡姬是齐桓公的夫人,齐桓公和她乘船游玩,她摇动船身,齐桓公十分害怕,禁止蔡姬,蔡姬却还是不停地摇船,齐桓公愤怒地把她赶回娘家去了。随后齐桓公又要把她召回,蔡国却让蔡姬改嫁了。齐桓公大怒,要讨伐蔡国。

管仲规劝说:"为了夫妻之间的一个玩笑,不足以讨伐一个国家,这样去讨伐,要建立功业是没有指望的,请不要因为这件事多作计较。"

齐桓公不肯听管仲的意见。

管仲说:"如果实在不得已,楚国不向周天子进贡菁茅已有三年了,君上不如起兵去为天子讨伐楚国。楚国顺服了,随后回兵袭击蔡国,就说'我替天子讨伐楚国,而蔡国却不调兵来响应',于是消灭它。这样做,名义上是正义的,而在实际上是有利的,所以必须有了为天子去讨伐的名义,然后才可以有报仇的实效。"

解读:

齐桓公在这个故事中,有为天子征讨之名,而有为自己报仇之实。

齐桓公诸多的后宫妻妾中,蔡姬是其中的一个。蔡姬是蔡国君主的女儿,嫁给齐桓公为妻。蔡国是周天子的同姓国,最早周武王的弟弟叔度始封于蔡,后因反叛,被流放而死。周成王的时候,又封叔度的儿子蔡仲于此,建都上蔡,位置在今河南上蔡县西南。春秋时,蔡国曾多次迁移国都。

这个故事讲的是,蔡姬有一次与齐桓公在齐国的园囿中乘船游玩,蔡姬抓住船帮晃动小船,齐桓公不会游泳,因此非常害怕,禁止蔡姬晃船,蔡姬可能觉得好玩,不听桓公的劝阻,还是晃。桓公很生气,把蔡姬打发回娘家了。根据《史记》记载,蔡姬这次回家,她的兄长为国君,蔡侯听了妹妹蔡姬的一番话,让蔡姬改嫁到别的国家了。齐桓公本来是想过一段时间,再把蔡姬叫回来,但是现在蔡国让蔡姬改嫁了,桓公大怒,准备进军蔡国。

管仲劝谏桓公说,这件事是夫妻之间的玩笑造成的,这种理由不足以讨伐蔡国。若是以这件事为理由讨伐蔡国,不会成功。桓公不听。管仲说,若是实在想讨伐蔡国,还需要其他理由。楚国已经三年不向天子进贡菁茅了,桓公举兵,应以楚国不进贡菁茅为名,讨伐楚国。楚国降服之后,班师的时候,以蔡国不率兵讨伐楚国为理由,进攻蔡国。这样做,不仅取得了道义之名,也获得了报仇的实际利益。这件事可以看出管仲在政治方面思虑非常周全。

14. 管仲与桓公论礼

题解：

此节出自《说苑·贵德》。

《说苑》是刘向采集古书经修纂而成的书籍，具有宝贵的史料价值和文学价值。刘向是西汉成帝时期的文学家、经学家、政治家与目录学家，是学问的集大成者。刘向的家族，出自汉高祖刘邦之弟、楚元王刘交。因着宗室的爱国心，刘向从古书中搜取大量文献，完成《说苑》。此书共二十卷，共分二十个主题，以治道为重心，以儒术为根本，以故事传达理念的表述方式，展示了刘向的政治思想。该书善于叙事，具有独特的文学风貌。

原文：

齐桓公北伐山戎氏[1]，其道过燕，燕君逆而出境[2]。

桓公问管仲曰："诸侯相逆，固出境乎？"

管仲曰："非天子不出境。"

桓公曰："然则燕君畏而失礼也。寡人不道，而使燕君失礼。"

乃割燕君所至之地，以与燕君。诸侯闻之，皆朝于齐。《诗》云："靖恭尔位[3]，好是正直，神之听之[4]，介尔景福[5]。"此之谓也。

注释：

[1] 山戎氏：又称北戎氏、无终氏。春秋时分布在今山西太原，后迁河北玉田县西北无终山，善种冬葱、戎菽。

[2] 逆：迎接。

[3] 靖恭：恭敬。尔：你的。位：职位。

[4] 神：神灵。

[5] 介：赐予。景：大。

译文：

齐桓公北伐山戎氏，他的军队经过燕国，燕国君主走出国境迎接桓公。

桓公问管仲："诸侯之间迎接一定要出国境吗？"

管仲说："不是天子就不出国境迎接。"

桓公说："这样的话，是燕国君主畏惧我而有失礼仪了。我不讲道义，致使燕国国君有失礼仪。"

　　于是将燕国君主所到之地割让给燕国。诸侯听到这件事,都到齐国来朝贺。《诗经》上说:"恭敬地忠于你的职守,喜欢忠诚正直的人,神灵知道这些,会大大地赐福给你。"说的就是这样的事啊。

解读:

　　齐桓公到北方讨伐山戎,齐国军队路过燕国,燕国的君主为迎接齐桓公,越过燕国的边境,踏入了齐国的疆域。周公制礼作乐,制定了很繁杂的礼乐文明制度,于是齐桓公向管仲请教,诸侯之间的迎接,是不是可以走出本国的边境。管仲说,按照宗周礼乐文明制度,不是天子,不能够出国境迎接。齐桓公明白了,原来是燕国的君主敬畏桓公,所以做的事情超越了礼仪制度。桓公非常善于自我反思,认为是自己的无道,导致燕君做的事没有符合礼节。如何弥补这件事情呢? 桓公想出了一个办法,把燕君脚步踏到的齐国疆域,割送给了燕君,避免了燕君因为失礼而受到舆论谴责的问题。

　　桓公善于从别人的角度和利益方面考虑问题,在土地方面确实受到了损失,因为"诸侯之宝三:土地、人民、政事",割让土地是损害国家权益的行为,但齐桓公割地的动机,是为了燕君不失礼。这在另一方面却有极大的收获,因为各个诸侯国的君主听到这件事,非常敬仰桓公的所作所为,都来到齐国朝贺齐桓公。这个故事最后引用了《诗经》的话语,赞美桓公这样做,是非常有益的。

　　管仲辅助齐桓公"尊王攘夷",取得了巨大功业。同时在维护诸侯国内部秩序方面,能够切实尊重宗周礼乐文明制度,维护了天下秩序,表面上损失了一些土地,实际上取得了道义上的胜利。

15. 管仲劝桓公献宝于周公庙

题解:

　　这则故事出自《说苑·权谋》。

原文:

　　齐桓公将伐山戎、孤竹[1],使人请助于鲁[2]。

　　鲁君进群臣而谋。皆曰:"师行数十里,入蛮夷之地,必不反矣[3]。"于是鲁许助之而不行[4]。

　　齐已伐山戎、孤竹,而欲移兵于鲁。管仲曰:"不可。诸侯未亲,今又伐远而还诛近邻，邻国不亲，非霸王之道。君之所得山戎之宝器者，中国之所鲜也[5]，不可不进周公之庙乎?"桓公乃分山戎之宝，献之周公之庙。

　　明年起兵伐莒[6]。鲁下令丁男悉发[7]，五尺童子皆至。孔子曰："圣人转祸为福，报怨以德。"此之谓也。

注释：

[1] 山戎：亦名"北戎"，春秋时北方少数民族国家，分布在今河北北部。孤竹：古
　　国名，存在于商、西周、春秋时。故址在今河北卢龙县。

[2] 助：辅助，帮助。

[3] 反：通"返"，返回。

[4] 许：应允，许可。

[5] 鲜：少。

[6] 莒：莒国，在今山东省东南部。

[7] 悉：全，全部。

译文：

　　齐桓公将要进攻山戎、孤竹，派人请求鲁国援助。

　　鲁君召集群臣计议。群臣都说："军队行程几千里，深入蛮夷之地，必定回不来了。"于是鲁国答应援助却并不行动。

　　齐国已打下了山戎、孤竹，想调兵攻打鲁国。管仲说："不可以。诸侯还未归顺，现在攻打边远国家，回军时又诛伐近处的邻国，邻国不亲附，这不是称霸天下的做法。君上缴获的山戎宝器，是中原国家少见的，应该进献给周公之庙。"桓公于是分出一些山戎的宝器，进献给周公之庙。

　　第二年，齐国发兵进攻莒国，鲁国下令征发所有成年男子，连五尺的童子也都参加了。孔子说："圣人能转祸为福，用恩惠来报答怨恨。"说的就是这种情况。

解读：

　　因为北方的山戎、孤竹经常入侵中原地区的诸侯国，齐桓公决定打击他们，维护周朝秩序。为了壮大声势和力量，派人请求鲁国援助。鲁国怕损兵折将，又怕得罪齐国，就答应援助齐国，但是不派兵。齐桓公打败山戎、孤竹后，因为鲁国言而无信，决定移师，进攻鲁国。管仲提出反对意见，并为齐桓公分析当时的天下形势：中原地区的诸侯国还没有顺服齐国，若是打完远处的蛮夷之国，接着又进攻临近的鲁国，这样不容易以德服人。然后为齐桓公出主意，把缴获的山戎宝器，进献到鲁国周公的宗庙中。古人非常看重祭祀，齐桓公如此敬重鲁

国的祖先,感动了鲁国国君。来年齐桓公进攻莒国,鲁国国君派出所有的成年男子参战,甚至连没成年的少年也派去作战了。孔子非常赞赏管仲的智慧,称赞管仲是圣人,因为圣人才能够"转祸为福,报怨以德"。

16. 管仲谏桓公攻鲁

题解:

此节出自《说苑·指武》。

原文:

齐桓公北伐山戎氏[1],请兵于鲁,鲁不与[2],桓公怒,将攻之。

管仲曰:"不可,我已刑北方诸侯矣[3],今又攻鲁,无乃不可乎?鲁必事楚[4],是我一举而失两也。"

桓公曰:"善。"乃辍攻鲁矣[5]。

注释:

[1] 山戎氏:古族名,又称北戎。春秋时分布在今河北北部,善种冬葱、戎菽。

[2] 与:给予。

[3] 刑:处罚。

[4] 事:侍奉。

[5] 辍:停止。

译文:

齐桓公北伐山戎氏,向鲁国请求出兵,鲁侯不答应,桓公很生气,准备攻打鲁国。

管仲说:"不可以这样。我们已经处罚了北方诸侯,现在又去攻打鲁国,这怎么可以呢?如果这样,鲁国一定去侍奉楚国了,这样我们就一举两失了。"

桓公说:"对"。于是取消了攻打鲁国的计划。

解读:

齐桓公时期,南方的楚国已经日渐强大,对中原诸侯国造成威胁。北方的山戎氏经常因为粮草不足,而进军中原,对中原地区的诸侯国家造成威胁。齐桓公打出"尊王攘夷"的旗号,就是为了恢复中原地区的秩序,打击北方夷族的入侵。

为了壮大声势，威吓山戎，齐国派人到鲁国，请求鲁国出兵，协助进攻山戎。鲁国没有派兵，齐桓公很生气，准备进攻鲁国。管仲劝齐桓公说，齐国已经处罚了山戎了，现在再去进军鲁国，看起来并不是最佳选择。因为进攻鲁国，必然促使鲁国倒向楚国，而楚国当时的文化与中原地区不同，属于蛮夷之国，这样就会使鲁国受到楚国势力的影响，使鲁国与齐国产生深刻矛盾，这样做是"一举两失"。齐桓公觉得管仲说得非常有道理，就停止了进攻鲁国的行动。

管仲劝说齐桓公的时候，经常讲出采取某种行动或不采取某种行动的原因，使齐桓公明白其中的利弊，这种说服方式非常有效，也证明了管仲的高超智慧。

17. 柯地会盟

题解：

此节出自《新序·杂事》。

《新序》系刘向编辑而成，也有人认为其中不少篇幅是刘向撰写。《新序》原本三十卷，后有佚失，经宋代人曾巩校定为十卷，即今传本。这部书采集了舜禹至汉代的一些史实，分类撰写，中心思想意在正纲纪、行教化、辨邪正、黜异端。

原文：

昔者齐桓公与鲁庄公为柯之盟[1]，鲁大夫曹刿谓庄公曰[2]："齐之侵鲁，至于城下，城坏压境，君不图与[3]？"

庄公曰："嘻[4]，寡人之生不若死！"

曹刿曰："然则君请当其君[5]，臣请当其臣。"

及会，两君就坛，两相相揖，曹刿手剑拔刀而进，迫桓公于坛上，曰："城坏压境，君不图与？"

管仲曰："然则君何求？"

曹刿曰："愿请汶阳田[6]。"

管仲谓桓公曰："君其许之。"桓公许之。

曹刿请盟，桓公遂与之盟。已盟，摽剑而去[7]。

左右曰："要盟可倍[8]，曹刿可雠，请倍盟而讨曹刿。"

管仲曰："要盟可负而君不负，曹刿可雠而君不雠，信著天下矣。"遂不倍。天下诸侯翕然而归之[9]。

为鄄之会[10]，幽之盟[11]，诸侯莫不至焉。为阳谷之会[12]，贯泽之盟[13]，远国皆来。南伐强楚，以致菁茅之贡[14]；北伐山戎[15]，为燕开路；三存亡国，一继绝世，尊事周室，九合诸侯，一匡天下，功次三王，为五伯长[16]，本信起乎柯之盟也[17]。

注释：

[1] 鲁庄公：鲁国君主，姬姓，名同。柯：地名。盟：立誓缔约。柯之盟：在《春秋公羊传》庄公十三年有记载。

[2] 曹刿：鲁国大夫。鲁庄公十年，辅佐鲁庄公在长勺，一鼓作气，打败了齐国军队。

[3] 图：谋划。与：疑问词，相当于"吗"。

[4] 嘻：感叹声。

[5] 当：抵挡。

[6] 汶阳：地名，故地在今山东宁阳县东北。

[7] 摽：抛弃。

[8] 要：要挟，威胁。倍：背弃。

[9] 翕然：一致的样子。

[10] 鄄：春秋时卫国邑，故城在今山东濮县东。

[11] 幽：春秋时宋地，故地在今河南省考城县境。

[12] 阳谷：春秋时齐地，故城在今山东阳谷县东北。

[13] 贯泽：春秋时宋地，古城在今山东曹县南。

[14] 菁茅：草名，古代祭祀时用以缩酒。

[15] 山戎：古国名，古代北方民族，故地今河北省东部，春秋时常为齐、郑、燕国之患。

[16] 五伯：即春秋五霸。

[17] 信：信誉。

译文：

　　以前齐桓公和鲁庄公在柯地结盟，鲁国大夫曹刿对鲁庄公说："齐国侵犯鲁国，疆域已经到达鲁国都城之下，城墙倒塌所压之处已快要成为齐国国境，您还不打算收复失地吗？"

　　庄公说："唉，我是生不如死。"

　　曹刿说："既然这样，那么现在就请君上面对齐国国君，我来对付齐国大臣。"

到了会盟的时候,两国的国君登上盟坛,齐相、鲁相,互相拱手为礼,曹刿手握宝剑,亮出锋刃,走到坛上逼迫齐桓公说:"鲁国城池攻破,齐国大军压境,您是怎么考虑的?"

管仲说:"那么您有什么要求呢?"

曹刿说:"希望请齐国归还汶阳的田地。"

管仲对齐桓公说:"请君上答应他的要求。"齐桓公答应了。

曹刿请求盟誓,桓公便与他缔结了盟约。结盟之后,曹刿弃剑而去。

桓公左右的人说:"要挟缔结的盟约可以背弃,曹刿可以视为仇敌。请君上背弃盟约,起兵讨伐曹刿。"

管仲说:"要挟缔结的盟约是可以不守信,但是君上却不能不守信义;曹刿,我们可以视他为仇敌,但是君上却不能视他为仇敌,这样就会显扬信义于天下了。"于是,齐国没有违背盟约,天下诸侯纷纷归附齐国。

后来,齐国主持鄄城之会,幽地之结盟,诸侯没有不到的。齐桓公主持阳谷之会,贯泽之盟,远方的诸侯也都前来会盟。齐又向南讨伐强大的楚国,迫使楚国向周天子进贡了祭祀用的菁茅,向北讨伐山戎,替燕国开辟了道路。齐桓公保存了三个危亡的国家,维系了一个快要灭绝的国家,尊奉周室,九次会合诸侯,匡正天下,功业仅次于三王,成为春秋五霸之首,他的信义是从柯邑的盟约开始建立起来的。

解读:

齐桓公继位之后,很想图霸。继位不久,就去攻打鲁国。曹刿与鲁庄公论战,一鼓作气,打败了齐桓公带领的齐国军队。在管仲的辅助下,齐国日益强大,国力强盛。之后进攻鲁国,多次取得胜利,齐国疆域都到了鲁国都城之外了,所以曹刿说,鲁国都城的城墙坍塌下去,都能砸到齐国的边境了。曹刿身为鲁国大夫,又是位善于作战的军事家,不能忍受齐国的入侵。齐桓公与鲁庄公在柯这个地方进行盟会,曹刿手持利剑挟持桓公,逼迫桓公返还侵占鲁国的汶阳之地。桓公只好答应。齐鲁会盟之后,桓公身边的人主张,这种挟持情况下的誓约不必遵守。管仲则认为,应当遵守誓约,把汶阳之地返还给鲁国,这样才能保持信誉。果然,诸侯国看到齐桓公如此守信,非常敬佩。齐桓公的信用,成就了他的霸业。

18. 管仲劝桓公不盟江国、黄国

题解：

此节故事出自《新序·善谋》。

原文：

齐桓公时，江国、黄国小国也[1]，在江、淮之间，近楚。楚，大国也，数侵伐，欲灭取之[2]。江人、黄人患楚[3]。

齐桓公方存亡继绝，救危扶倾，尊周室，攘夷狄，为阳谷之会，贯泽之盟，与诸侯将伐楚。江人、黄人慕桓公之义[4]，来会盟于贯泽。

管仲曰："江、黄远齐而近楚[5]；楚，为利之国也；若伐而不能救，无以宗诸侯[6]，不可受也。"桓公不听，遂与之盟。

管仲死，楚人伐江灭黄，桓公不能救，君子闵之[7]。是后桓公信坏德衰，诸侯不附，遂陵迟不能复兴[8]。

夫仁智之谋，即事有渐[9]，力所不能救，未可以受其质[10]。桓公受之，过也。管仲可谓善谋矣。《诗》云："曾是莫听，大命以倾[11]。"此之谓也。

注释：

[1] 江国：故城当在今河南省息县西南。黄国：故城当在今河南省潢川县西。

[2] 灭：灭亡。取：攻取。之：指江国、黄国。

[3] 患：忧虑，担心。

[4] 慕：仰慕。

[5] 远：距离远。近：距离近。

[6] 宗：做宗主。

[7] 闵：哀伤，悲悯。

[8] 陵迟：衰败，衰弱。

[9] 即事：碰着了事情。

[10] 质：通"贽"，用来作礼物的玉器。在这里，专指一国向另一国表示依附时所送的礼物。

[11] 大命：即天命。①

---

① 赵仲邑《新序详注》，中华书局1997年版，第257页。

译文：

　　齐桓公时，江国、黄国是小国，地处江淮之间，离楚国很近。楚国是大国，不断侵犯江国、黄国，想灭掉并占有这两个国家。江人、黄人担忧楚国对他们的威胁。

　　当时，齐桓公正从事于存亡继绝的事业，救援陷于危难的、扶助即将倾覆的诸侯国，尊奉周王室，驱除夷人、狄人，举行了阳谷和贯泽的盟会，联合各诸侯讨伐楚国。江人、黄人敬慕桓公的道义，来参加贯泽的盟会。

　　管仲说："江国、黄国离齐国远，距楚国近。楚国是善于谋取利益的国家，如果楚国进攻江国、黄国而齐国不能去援救，齐国就无法成为诸侯国的盟主，所以不能接纳江国、黄国作为盟国。"桓公没有听从管仲的建议，就和江国、黄国结了盟。

　　管仲去世之后，楚国讨伐江国，灭了黄国，而桓公没办法援救，君子为此感到惋惜。此后桓公信誉受到损害，道德衰败，诸侯不再归附齐国。齐国逐渐衰颓，无法恢复往日的威望。

　　出于仁心和智慧的谋略，要考虑做事情的步骤，对于鞭长莫及无力救援的国家，不能接受他们参加盟会，桓公接受了，这是个错误。管仲可以说是善于谋划的人了。《诗经》说："竟不听这样的忠言，终于亡国丧身。"说的就是这种事。

解读：

　　这个故事说明，管仲对当时天下局势、各个诸侯国之间的关系有非常清晰的认识和准确的判断。齐国为中原诸侯国霸主的时候，在长江、淮河之间的江国、黄国仰慕齐桓公尊王攘夷的大义，到贯泽这个地方参加齐桓公的盟会，尊齐桓公为霸主。管仲认为，江、黄两国与楚国的距离更近，楚国随时对江、黄两国造成威胁，若是楚国侵犯江、黄，齐国不能很方便前去救援，必然造成齐国声誉的损失，所以不可接受江、黄为齐的随从国家。桓公不听，与江、黄盟会。管仲去世之后，楚人讨伐江国，灭掉黄国，齐桓公没能救助这两个国家。加上齐桓公道德、信誉上出现了问题，诸侯不再追随齐国，齐国国力受到很大损害。从这个故事中，可以知道，做事情需要有谋划，也需要量力而行。

　　楚人伐江灭黄的事情，在《谷梁传》僖公十二年也有记载。

19. 管仲劝桓公守信

题解：

此节故事出自《史记·刺客列传》，作者司马迁。

司马迁字子长，西汉时期夏阳（今陕西韩县）人。《史记》为我国第一部纪传体通史，记载从黄帝到汉武帝时代约三千年的历史，全书由本纪、世家、表、书、列传五部分组成。"本纪"按帝王世系、时间顺序记叙政治、军事等天下大事及帝王本人事迹，是编年的大事记。"世家"记叙的先秦各国的兴衰及汉朝宗室和开国元勋的事迹。"表"按年月，以表格形式列出各国重大事件。"书"是关于经济、文化等一些专门问题的记述。"列传"是有影响的历史人物传记。全书分为十二本纪、三十世家、十表、八书、七十列传，共计一百三十篇，五十二万余字。

原文：

曹沫者[1]，鲁人也，以勇力事鲁庄公。庄公好力。曹沫为鲁将，与齐战，三败北。鲁庄公惧，乃献遂邑之地以和[2]。犹复以为将。

齐桓公许与鲁会于柯而盟[3]。桓公与庄公既盟于坛上，曹沫执匕首劫齐桓公[4]，桓公左右莫敢动，而问曰："子将何欲？"

曹沫曰："齐强鲁弱，而大国侵鲁亦甚矣[5]。今鲁城坏即压齐境[6]，君其图之。"桓公乃许尽归鲁之侵地[7]。

既已言，曹沫投其匕首，下坛，北面就群臣之位，颜色不变，辞令如故。桓公怒，欲倍其约[8]。

管仲曰："不可。夫贪小利以自快，弃信于诸侯，失天下之援，不如与之。"于是桓公乃遂割鲁侵地，曹沫三战所亡地尽复予鲁。

注释：

[1] 曹沫：即《左传》中的曹刿。

[2] 遂邑：古地名，在今山东省肥城市。

[3] 柯：战国齐邑，在今山东省东阿县西。

[4] 匕首：短剑，古代刺客常用的武器。

[5] 亦甚：也太过分。

[6] 压：即迫近。

[7] 尽归：全部归还。侵地：侵占的地方。

[8] 倍：即背，背弃。

译文：

曹沫是鲁国人，他以勇武服侍鲁庄公。鲁庄公喜好武力。曹沫被封为鲁国的将领，与齐国交战，多次失败。鲁庄公非常惧怕，于是把遂邑那个地方献给齐国以求和，但仍然以曹沫为将领。

齐桓公答应与鲁庄公在柯这个地方订立盟约。齐桓公与鲁庄公在坛上盟誓，曹沫手持匕首上坛劫持了齐桓公。齐桓公的左右都不敢行动，他们问曹沫："你想要什么？"

曹沫说："齐国强大，鲁国弱小，然而强大的齐国侵占鲁国的土地太多了。现在假如鲁国城池毁坏了就会压在齐国疆域，请您仔细考虑！"齐桓公只好答应全部归还所侵占的鲁国土地。

既然齐桓公已答应，曹沫便丢掉匕首，走下祭坛，朝北面到群臣的位置上，脸不改色，言谈举止自如。齐桓公十分震怒，打算背弃他所做出的约定。

管仲说："不能这样。为了贪图小利益，以求得自己一时的快乐，而背弃在诸侯中的信用，这就失掉了天下的援助，不如将土地给鲁国。"于是，桓公便将侵占鲁国的土地割给鲁国，曹沫三战三败所失去的土地全部又还给了鲁国。

解读：

此节记载曹沫劫持齐桓公，迫使其归还所侵鲁国之地的故事。曹沫是鲁国人，以勇力事鲁庄公，为鲁将，在与齐战中，多次作战失败。鲁庄公献遂邑求和，仍用他为将。在齐桓公与鲁庄公会于柯地而结盟的会上，曹沫持匕首上坛劫持齐桓公，指斥齐桓公以强凌弱之不仁，要求索回被齐侵占之鲁国的土地。齐桓公无奈，只得同意退还。事后，齐桓公想毁约，不退还鲁之被侵地。管仲进行谏阻，认为毁约是"贪小利以自快"的小事，而"弃信于诸侯，失天下之援"是大事，应该还鲁之地。这样，曹沫三战败北所失之地，悉数收回。

四 哲学言语故事

　　管仲辅助齐桓公四十余年,君臣二人经常有谈话交流,管仲的很多语言都表现出其高超的智慧和哲学思辨,非常具有启发性。也有的故事,是管仲与桓公交谈时所设定的情境,使桓公说出智慧的话语来,这类的故事,也收在这一节中。

1. 重视人才

题解:

此节故事出自《管子·中匡》。

原文:

　　管仲会国用[1],三分二在宾客[2],其一在国,管仲惧而复之[3]。

　　公曰:"吾子犹如是乎[4]?四邻宾客,入者说[5],出者誉,光名满天下[6]。入者不说,出者不誉,污名满天下。壤可以为粟[7],木可以为货[8]。粟尽则有生,货散则有聚。君人者,名之为贵[9],财安可有[10]?"

　　管仲曰:"此君之明也[11]。"

注释:

[1] 会:统计。国用:国家财政支出。

[2] 宾客:这里指齐国之外的宾客。

[3] 复:回复。

[4] 子:先生。犹如是:还至于这样。

[5] 说:通"悦",高兴,喜悦。

[6] 光名:美名。

[7] 为:产生,制造。

[8] 货:商品。

[9] 名:名声。

[10] 安:焉。可:通"何"。

[11] 明:圣明,明智。

译文:

　　管仲计算齐国的财政开支,三分之二用于接待其他诸侯国的宾客,三分之一用在国内。管仲很惶恐地将这个情况报告给桓公。

桓公说："您怎么担心成这样？四方邻国的宾客，来齐国的都高兴，出齐国的都赞誉，我们的好名声就遍布天下。来齐国的不高兴，出齐国的不赞誉，坏名声就天下皆知。有土地可以生产粮食，有木材可以做器具。粮食用完可以再生产，器具消耗后可以再积累。做为国君，名声最为宝贵，钱财何必在意。"

管仲说："这正是您的圣明之处。"

解读：

《管子》在国家财政收入方面所涉及的问题是相当丰富的，而且有不少杰出而新颖的观点。《管子》对封建财政支出的基本主张是"有度"。这里所谓"取之有度"与"用之有止"，是相互配合的概念，总体精神是要求国家财政收入与支出均应遵循一定的标准，不能随意挥霍。如何对统治者的个人享用加以节制并规定相应的开支标准，往往成为古代思想家谈论财政问题的重要议题。

在区别贵贱的前提下，《管子》对财政支出一般也是赞成"俭"而不主张"侈"的。《管子》作者将节省财政开支视为统治者的急务，宣称不懂得此道理者，不可使其执掌国政。在另一个地方，《管子》又说明君有六务，六务之首就是节用，将节省国用放在为政之首。但是，必需指出，在贯彻节用原则过程中，《管子》同时认为对于必要的财政开支，不能过于吝啬。这是告诫统治者应"审用财"，应该考察国用开支的实际效果，如果用财吝啬，看似节省，实则不得人心而引起怨恨，结果与费财无异。基于"用财不可以吝"的原则，《管子》在谈到国家财政中一些经常性的重要支出项目时，很少发表节用之类的空洞说教，而是注重从财政支出的效果评价。

该篇记载，管仲主持齐国财政时，曾以国用的三分之二用于垫付宾客之类的对外事务，用于国内政务者仅占其三分之一。对此，管仲很赞同齐桓公的下面一段议论：四方邻国的宾客，来齐国的都高兴，出齐国的都赞誉，我们的好名声就遍布天下。来齐国的不高兴，出齐国的不赞誉，坏名声就天下皆知。有土地可以生产粮食，有木材可以做器具。粮食用完可以再生产，器具消耗后可以再积累。做为国君，名声最为宝贵，钱财何必在意。对于外交经费的巨额支出，《管子》首先考虑的不是如何节省开支，而是不惜"粟尽""货散"，借此以维护君主的名声，确立齐国的霸主地位。

齐桓公因此吸引了大批贤能俊士为己所用。比如出身微贱在本国不得势的卫国人宁戚，被吸引至齐后，举大司田之职，成为主管全国经济的最高长官。

2. 主张先安定齐国

题解：

此节故事出自《管子·中匡》。

原文：

公曰："甲兵既足矣，吾欲诛大国之不道者[1]，可乎？"

对曰："爱四封之内[2]，而后可以恶竟外之不善者[3]。安卿大夫之家，而后可以危救敌之国[4]。赐小国地[5]，而后可以诛大国之不道者[6]。举贤良，而后可以废慢法鄙贱之民[7]。是故先王必有置也，而后必有废也；必有利也，而后必有害也。"

注释：

[1] 诛：征伐。不道：无道。

[2] 封：边界。

[3] 竟：同"境"，国境。

[4] 危：危害。救：通"仇"，仇敌。

[5] 赐：赏赐。

[6] 诛：惩罚。

[7] 废：废弃。慢法：无视法令。

译文：

桓公说："盔甲兵器已经充足了，我想去征伐无道的大国，可以吗？"

管仲答道："首先要施爱于国内的百姓，才能排斥国外的不善者。先安定国内卿大夫的家，然后才能破坏仇敌之国。赏赐给小国土地，才能征伐无道的大国。任用贤良的人才，才能制裁藐视法度的小人。因此先王先立而后有废，必先有利而后才有不利。"

解读：

管仲是政治家，他认识到事物对立的双方是可以转化的。大可变小，强可变弱，众可变寡，贵可转化为贱，富可转化为穷，重可转化为轻。但转化要有条件。在人事方面，转化的条件是个人主观努力，肯努力就会向好的方面转化，不努力就会向不好的方面转化。在齐国称霸的过程中，管仲能够运用矛盾转化的原理实践。齐桓公急于称霸,在甲兵未足时即提出诛伐大国的问题,管仲认为时机不成熟。必须首先爱护国内的百姓,然后才能威慑其他诸侯国的不善者。先安定卿大夫的家,然后才能震慑仇敌之国。先赐给小国土地,然后才能惩治大国。先举用贤良人才,然后才能废黜慢法鄙贱之徒。因此先王必先有所立才有所废,必先有所利而后才有所害。

3. 主张谨慎言行

题解：

这则故事出自《管子·戒》。

原文：

管仲复于桓公曰:"无翼而飞者[1],声也。无根而固者[2],情也。无方而富者,生也[3]。公亦固情谨声,以严尊生[4],此谓道之荣[5]。"

桓公退,再拜:"请若此言[6]。"

管仲复于桓公曰:"任之重者莫如身[7],途之畏者莫如口[8],期而远者莫如年。以重任行畏途[9],至远期,唯君子乃能矣[10]。"

注释：

[1] 翼:翅膀。

[2] 固:固定,稳固。

[3] 生:同"性"。

[4] 严:守。

[5] 荣:繁盛。

[6] 若:顺,遵守。

[7] 任:担荷,负载。

[8] 途:道路。

[9] 畏途:艰险的历程。

[10] 乃:才。

译文：

管仲又对桓公说:"没有翅膀而能飞的是语言,没有根而能稳固的是情感,没有地位却能尊贵的,是心性。您应稳定情感,谨慎言语,以严守尊贵的心性。

这是为人之道的精华。"

桓公退步,然后拜谢说:"让我像你说的那样去做。"

管仲又对桓公说:"没有比身体负担更沉重的了,没有比口舌的经历更可畏的了,没有比岁月的期待更遥远的了。身负重任、谨慎言语,长年累月,只有君子才能做到。"

解读:

管子认为,人应该谨慎自己的言行,才能显示自己令人尊敬的心性。不经思考的言论,会无翼而飞,使自己和这声音一样轻浮;不负责任的感情,会真的无根而飘摆,使自己成为没有分量的人;无论身处何地何职业,要永远保持自己的心性,使自己保持尊严。身是行,口是言,岁月是一生的足迹。千事万事,身体力行,自身行为自写历史,活一辈子,身正行正,何其重。①

4. 以傅马栈为喻谏桓公

题解:

此节故事出自《管子·小问》。

原文:

桓公观于厩[1],问厩吏曰[2]:"厩何事最难?"

厩吏未对,管仲对曰:"夷吾尝为圉人矣[3],傅马栈最难[4]。先傅曲木[5],曲木又求曲木,曲木已傅,直木毋所施矣。先傅直木[6],直木又求直木,直木已傅,曲木亦无所施矣。"

注释:

[1] 厩:马厩。

[2] 厩吏:掌管马厩的小官。

[3] 尝:曾经。圉人:养马的人。

[4] 傅:通"附",引申为构筑,编排。马栈:养马的栅栏。

[5] 曲木:弯曲的木头,喻指邪僻的小人。

[6] 直木:笔直的木头,喻指正直之士。

---

① 关立勋、霍旻英《管子名言译评》,华文出版社 2002 年版,第 124～125 页。

译文：

桓公视察马厩,问负责养马的人:"马厩里什么工作最难?"

养马的官吏还没回答,管仲回答说:"我曾养过马。马厩中围筑马栈最难。如果先立弯曲的木材,曲木又要与曲木才能相配,因为既然用了曲木,直木就没有用处了。如果先用直木,直木又要与直木才能相配,因为既然用了直木,曲木也就没有用处了。"

解读：

齐桓公有一次向管马厩的官吏提出了一个问题:马厩里什么工作最难? 管马厩的官吏还没有来得及回答,陪侍于一旁的管仲便发表了自己的见解。

管仲说,自己也曾当过养马的官,养马最困难的事就是排立木材构筑马栏。如果首先选择用弯曲的木材,那么弯曲的木材就要与弯曲的木材相配,弯曲的木材并排立好,直的木材就无法使用了。如果首先选择用直的木材,直的木材又要与直的木材相配,直的木材并排立好,弯曲的木材就无法挤进去了。

此节是管仲借用马栅栏的搭建来告诫齐桓公要慎重识别正直、邪曲之人。搭建马栅栏时,如果先选用曲木,以后就无法使用直木了。如果先选用直木,曲木就无法放置。这就是物以类聚,人以群分的道理。如果选择正直的大臣主政,君主周边必定为方正之士。如果让邪曲的人主政,君主周围肯定为奸佞小人。

5. 与桓公论富

题解：

此节出自《韩非子·说林下》。

原文：

桓公问管仲:"富有涯乎[1]?"

答曰:"水之以涯,其无水者也;富之以涯,其富已足者也[2]。人不能自止于足,而亡其富之涯乎[3]。"

注释：

[1] 涯:边际,极限。

[2] 已：已经。足：满足。

[3] 亡：读为"忘"，忘掉，忘记。

译文：

桓公问管仲："富有边际吗？"

管仲回答说："水有边际，水的边际，就是没有水的地方了；富有边际，富的边际，就是富到已经满足的时候。人们不知道在足够富裕的时候就收敛，那就失去了富裕的边际了。"

解读：

齐桓公向管仲提出一个问题："富有没有边际？"管仲回答说，水有边际，富也有边际。但是人最大的问题，在于不知道在足够富足的时候有所收敛，导致了心里对富裕的索求没有止境。

管仲、齐桓公的对话，说明了这样一个道理：凡事都需要有个限度，而人贵于知足。作为君主，也必须知足、有度。根据《韩非子·外储说右下》的记载，管仲曾对桓公说过："上有积财则民臣必匮乏于下。"说明在上者必须富而有度。作为个人也是如此，若是对财富的贪求超过个人的能力，也会带来一系列问题。

6. 管仲论社鼠

题解：

这则故事出自《韩非子·外储说右上》。

原文：

桓公问管仲曰："治国最奚患[1]？"

对曰："最患社鼠矣[2]。"

公曰："何患社鼠哉？"

对曰："君亦见夫为社者乎？树木而涂之[3]，鼠穿其间，掘穴托其中[4]。熏之则恐焚木；灌之则恐涂阤[5]，此社鼠之所以不得也。今人君之左右，出则为势重而收利于民，入则比周而蔽恶于君[6]。内间主之情以告外[7]，外内为重[8]，诸臣百吏以为富[9]。吏不诛则乱法，诛之则君不安。据而有之[10]，此亦国之社鼠也。"

注释：

[1] 最：最大。奚：什么。患：祸患。

[2] 社鼠：社坛中的鼠，比喻有所依恃的小人。社：社坛，古代封土为社，各栽种
　　封土适宜生长的树木，作为祀社神之所在。

[3] 树：竖。涂：涂上泥。

[4] 托：寄托。

[5] 陁：崩塌毁坏。

[6] 比周：结党营私。

[7] 间：刺探。

[8] 外内为重：内外勾结而增强权势。

[9] 以为富：作为致富的条件。

[10] 据：控制。

译文：

　　齐桓公问管仲："治理国家最怕什么？"

　　管仲回答说："最怕社坛里的老鼠了。"

　　桓公问："为什么怕社坛里老鼠呢？"

　　管仲答道："您见过建筑社坛吗？ 竖上木料，用泥巴涂在上面，老鼠钻进去，挖洞做窝。用火熏它，怕烧坏木料；用水灌它，怕涂上的泥脱落，这就是没法逮住老鼠的原因了。如今国君的左右侍从，在外凭借权势向百姓渔利，在内结党营私蒙蔽国君，在朝廷里刺探君主的行为、心意报告给权臣。这些人里里外外都享有特权，群臣百官都得贿赂他们，他们因此致富。执法官不杀掉他们就扰乱了法律，杀掉他们国君又不安。他们据有权势要职，这也是国家的社鼠啊。"

解读：

　　这则故事揭示奸佞之臣对国家的危害，劝告当政者切莫姑息养奸，反映了韩非以法治国，反对贵族特权的政治主张。比喻国君身边作恶多端的侍从，不用"田鼠"而用"社鼠"，因为此鼠穴居庙内，有恃无恐，诛之不易，是祸国殃民之最。管仲与齐桓公通过谈话，讨论国君左右的奸佞之徒对国家的危害最大。

7. 向桓公论三难

题解：

　　这则故事出自《韩非子·难三》。

原文：

　　人有设桓公隐者[1]，曰："一难[2]，二难，三难，何也？"

　　桓公不能射[3]，以告管仲。

　　管仲对曰："一难也，近优而远士[4]。二难也，去其国而数之海[5]。三难也，君老而晚置太子[6]。"

　　桓公曰："善。"

　　不择日而庙礼太子[7]。

注释：

[1] 隐：隐语。指不直说本意而借别的词语来暗示的话，类似今天的谜语，古代
　　也称作"廋辞"。

[2] 难：灾难。

[3] 射：猜度。

[4] 优：优伶。

[5] 国：国都。数：屡次。之：到。海：大海。

[6] 置：设立。

[7] 择日：选择吉利日子。

译文：

　　有个人给齐桓公出谜，说："一难，二难，三难，这是什么？"

　　齐桓公不能回答，把这件事告诉了管仲。

　　管仲回答说："第一个灾难，是君主接近优伶而远离贤士。第二个灾难，是君主离开了自己的国都而屡次到海边去游玩。第三个灾难，是君主年老而很晚设立太子。"

　　桓公说："说得好。"

　　于是不选择吉日就在宗庙里举行了设立太子的仪式。

解读：

　　有个人给齐桓公出了一个谜语，问桓公说，什么是一难，二难，三难。桓公

猜不出来，就问管仲。管仲就根据自己的理解，说，一难是，君主与优伶亲近，而疏远有才能的人；二难是，君主多次离开都城到海边游玩；三难是，君主年龄都很老了，还没有设立太子。桓公觉得非常有道理，连良辰吉日都没选，就赶快在宗庙中，根据礼法仪式设立了太子。

　　我们不知道那位给桓公设谜语的人，他的谜底是什么，但管仲能够根据齐国的现状，随时根据情境为桓公提出谏议，并能够使桓公接受谏议，显示了极高的智慧。

8. 向桓公论官

题解：

　　这则故事出自《韩非子·外储说左下》。

原文：

　　桓公谓管仲曰："官少而索者众[1]，寡人忧之。"

　　管仲曰："君无听左右之请，因能而受禄[2]，录功而与官，则莫敢索官。君何患焉？"

注释：

[1] 官：官职。索：要，求。

[2] 因：根据。受，通"授"，授予。

译文：

　　齐桓公对管仲说："官职少而求取的人多，我对此非常担忧。"

　　管仲说："您不要听从身边亲信的请求，根据才能来授予俸禄，按照功劳来给予官职，那就没有人敢来要官做。您还担忧什么呢？"

解读：

　　有一段时间，经常有人向桓公索要官职。桓公苦于官职少而索官的人多，求助于管仲。管仲在授官问题上，谏议桓公按照才能和功劳授官。

　　这次君臣对话表明了管仲的用人标准，也坚定了齐桓公用人唯能、唯功的信念，使齐国的官吏能够凭借自己的真实才能和功业得到官职。

　　管仲提出依据才能给予俸禄，根据功劳授予官职的观点，杜绝了私情，严明了法纪，澄清了吏治。

9. 管仲论贵天

题解：

这则故事出自《说苑·建本》。

原文：

齐桓公问管仲曰："王者何贵[1]？"

曰："贵天。"桓公仰而视天。

管仲曰："所谓天者，非谓苍苍莽莽之天也，君人者以百姓为天[2]。百姓与之则安[3]，辅之则强[4]，非之则危[5]，背之则亡[6]。"

注释：

[1] 贵：宝贵。

[2] 君：做君主的人。

[3] 与：亲附，拥护爱戴。

[4] 辅：辅助。

[5] 非：非难，诽谤，反对。

[6] 背：背弃，弃之而去。

译文：

齐桓公问管仲说："作为君王，要尊贵什么？"

管仲回答说："要尊贵天。"桓公仰面望天。

管仲说："我所说的天，不是指广阔无际的苍天。作为君主，要把百姓当作天。百姓亲附，就能安宁；百姓辅助，就能强盛；百姓反对，就很危险；百姓背弃，就要灭亡。"

解读：

此节出自《说苑》。

从这个故事，可以看出，管仲是一个非常有智慧的政治家。他看到了百姓的力量，认识到了国家的安危兴亡与百姓密切相关。管仲劝桓公要尊重天，就是要尊重百姓。

五 生活类故事

管仲除了在政治上辅助齐桓公之外，管仲、齐桓公君臣之间，管仲与其他人之间，在日常生活中，也发生了一些有趣的故事，这些故事被古代的作家记录下来，为我们了解管仲的智慧和古人的日常生活提供了很大的帮助。

1. 桓公请管仲饮酒

题解：

这则故事出自《管子·中匡》。

原文：

桓公谓管仲曰："请致仲父[1]。"

公与管仲父而将饮之[2]，掘新井而柴焉[3]。十日斋戒，召管仲。

管仲至，公执爵[4]，夫人执尊[5]，觞三行，管仲趋出[6]。

公怒曰："寡人斋戒十日而饮仲父[7]，寡人自以为修矣[8]。仲父不告寡人而出，其故何也？"

鲍叔、隰朋趋而出，及管仲于途[9]，曰："公怒。"

管仲反[10]，入，背屏而立[11]，公不与言。

少进中庭，公不与言。

少进傅堂[12]，公曰："寡人斋戒十日而饮仲父，自以为脱于罪矣。仲父不告寡人而出，未知其故也。"

对曰："臣闻之，沉于乐者洽于忧[13]，厚于味者薄于行，慢于朝者缓于政[14]，害于国家者危于社稷，臣是以敢出也。"

公遽下堂曰[15]："寡人非敢自为修也，仲父年长，虽寡人亦衰矣，吾愿一朝安仲父也。"

对曰："臣闻壮者无怠，老者无偷[16]，顺天之道，必以善终者也。三王失之也，非一朝之萃[17]，君奈何其偷乎！"

管仲走出，君以宾客之礼再拜送之。

注释：

[1] 仲父：桓公对管仲的尊称。

[2] 与：读为"预"，约定。

[3] 柴：用柴草覆盖，保持井水纯净，以示恭敬。

[4] 爵：酒爵。

［5］尊：古代的酒器。用作祭祀或宴享的礼器。早期用陶制，后多以青铜浇铸。鼓腹侈口，高圈足，形制较多，常见的有圆形及方形。字亦作"樽""罇"。《说文·酋部》："尊，酒器也。"段玉裁注："凡酒必实于尊，以待酌者。"

［6］趋：古代的一种礼节，以碎步快走表示敬意。

［7］寡人：古代君主自己的谦称。

［8］修：恭敬。

［9］及：赶上。

［10］反：同"返"，返回。

［11］屏：宫中对着正门的小墙。

［12］傅：通"薄"，迫，接近。

［13］洽：沾染。厚于味者薄于行：追求口味厚重的其德行就薄。

［14］慢：怠慢。朝：听朝，朝会。缓于政：政事延误。

［15］遽：赶快，连忙。

［16］偷：苟且偷安。

［17］萃：集。

译文：

桓公对管仲说："请仲父来饮宴。"

桓公预设了宴请管仲的日子，挖了一口新井，用柴草掩盖着。桓公斋戒了十天，召见管仲。

管仲了到以后，桓公拿着酒爵，夫人捧着酒杯敬酒。喝了三杯后，管仲小步快走而出。

桓公很生气，说："我斋戒十天，请仲父吃饭，自认为做得很好了，仲父却不辞而出，是什么原因？"

鲍叔和隰朋赶紧出来，在途中赶上管仲说："君主发怒了。"

管仲返回到院中，靠屏风站着，桓公不跟他说话。

一会儿再走到中庭，桓公还不跟他说话。

一会儿再走到堂屋边，桓公说："我斋戒十天请仲父吃饭，自认为没有不对的地方了，仲父不辞而出，不知是什么原因？"

管仲回答说："我听说，沉迷于宴乐的人浸在忧虑中，口味浓的人德行薄，朝仪轻慢的人政事拖拉，有害于国家的人会危及社稷，我就是因为这些原因才敢于走出的。"

桓公赶快下堂,说:"我并不敢以为自己做得不错,仲父年老,我也衰老了,我希望有这样一个日子犒劳一下仲父。"

管仲回答说:"我听说壮年不懒散,老年不苟且偷生,顺从天道,必定有好结果。夏、商、西周三朝的末代帝王丧失天下,不是一个早上猝然而发生的,您为什么要有所苟安呢?"

管仲走出,桓公以宾客之礼再拜而送别他。

解读:

一次,齐桓公为宴请管仲,挖了一口新井,用柴草覆盖着。斋戒十天,而后召见管仲。管仲到了之后,齐桓公拿着酒爵,夫人拿着酒杯敬酒。但酒过三觞,管仲就走了。桓公很生气,认为管仲对自己非常不尊重。

鲍叔和隰朋急忙追回管仲。管仲背靠屏风而立,齐桓公不与他说话。管仲只好说出走出的理由:沉溺于宴乐的就有忧愁,厚享于口味的就薄于德行,怠慢于朝廷的就会缓于政事,有害于国家的危于社稷。齐桓公听后,立刻下堂说,自己并非苟安,仲父年老,他也衰老了,只想借这次宴请彼此安慰一下罢了。此后,齐桓公就愈加振作了精神。

在这一段君臣对话中,管仲劝谏齐桓公的一个中心思想是,要朝乾夕惕,从早到晚要勤勤勉勉,认真做事。

这则故事情节完整,人物形象生动,个性鲜明,具有较高的艺术价值。

桓公为和管仲饮酒,竟然斋戒十日。"管仲至,公执爵,夫人执尊",可见桓公对管仲是如何的敬重、何等虔诚。难怪"觞三行"之后,管仲不辞而出,惹得"公怒"。一个"怒"字,写出了齐桓公的正常反应,也道出了桓公当时复杂的心理活动。鲍叔、隰朋见状,出召管仲,"管仲反,入,倍屏而立"。管仲的两个"少进",活画出了管仲当时的神态。而两个"公不与言",又恰到好处地表现了桓公当时盛怒的情景以及余怒未消的情状。这一系列动词的巧妙运用,不仅形象逼真地刻画出了当时人物复杂的心理活动,而且传神生动,使人有身临其境之感。

管仲的一番对话不仅立即熄灭了桓公的满腔怒火,而且不安与懊悔起来,"公遽下堂",并解释道:"寡人非敢自为修也。"管仲出,桓公竟"以宾客之礼再拜送之"。这则故事,表现了管仲的忠诚为国,桓公的从善如流,而且生动地描述了桓、管君臣亲密无间的关系,并蕴含了"壮者无怠,老者无偷"的丰富内容。叙事简洁,人物性格生动形象。

2. 管仲劝桓公施仁政

题解：

这则故事出自《管子·霸形》。

原文：

桓公在位，管仲、隰朋见。立有间，有二鸿飞而过之[1]。

桓公叹曰："仲父，今彼鸿鹄有时而南[2]，有时而北，有时而往，有时而来，四方无远[3]，所欲至而至焉。非唯有羽翼之故[4]，是以能通其意于天下乎[5]？"

管仲、隰朋不对。

桓公曰："二子何故不对？"

管子对曰："君有霸王之心[6]，而夷吾非霸王之臣也，是以不敢对。"

桓公曰："仲父胡为然？盍不当言[7]，寡人其有乡乎[8]？寡人之有仲父也，犹飞鸿之有羽翼也，若济大水有舟楫也[9]。仲父不一言教寡人，寡人之有耳，将安闻道而得度哉[10]？"

管子对曰："君若将欲霸王，举大事乎，则必从其本事矣。"

桓公变躬迁席[11]，拱手而问曰："敢问何谓其本？"

管子对曰："齐国百姓，公之本也。人甚忧饥，而税敛重。人甚惧死，而刑政险[12]。人甚伤劳[13]，而上举事不时[14]。公轻其税敛，则人不忧饥。缓其刑政，则人不惧死。举事以时[15]，则人不伤劳[16]。"

桓公曰："寡人闻仲父之言，此三者闻命矣。不敢擅也[17]，将荐之先君[18]。"

于是令百官有司，削方墨笔[19]，明日皆朝于太庙之门[20]。朝定，令于百吏。使税者百一钟[21]，孤幼不刑，泽梁时纵[22]，关讥而不征[23]，市书而不赋[24]。近者示之以忠信，远者示之以礼义。行此数年，而民归之如流水。

注释：

[1] 鸿：鸿雁。

[2] 鹄：天鹅。

[3] 无远：不论多远。

[4] 故：缘故。

[5] 是以：所以。

[6] 霸王：成就霸业和王业。

[7] 盍：同"何"。当言：直言。

[8] 乡：通"向"，方向。

[9] 济：渡河。楫：船桨。

[10] 安：怎么。度：法度。

[11] 变躬：动身。迁席：离开座席。

[12] 险：险恶，严酷。

[13] 伤：害怕，担忧。

[14] 不时：不按时节。

[15] 以时：按时。

[16] 伤劳：害怕劳役。

[17] 擅：专有。

[18] 荐：进献。

[19] 方：古人书写用的方形木板。

[20] 朝：朝会。太庙：祖庙。

[21] 百一钟：百钟纳税一钟。钟：古量器。

[22] 纵：开放。

[23] 讥：稽查。

[24] 市：市场。书：登记。

译文：

桓公坐在席位上，管仲、隰朋进见。管仲、隰朋站了一会，有两只鸿雁飞过。

桓公叹道："仲父，那些鸿雁有时而南飞，有时而北飞，有时而往，有时而来，不管四方多远，愿飞到哪里就飞到哪里，还不是因为有翅膀的缘故，所以才能遂其意于天下吗？"

管仲和隰朋都没有回答。

桓公说："你们两位为什么都不回答？"

管子说："您有霸王之心，而我却不是能成就霸王之业的大臣，所以不敢回答。"

桓公说："仲父何必这样？为什么不直说，使我有个方向呢？我有仲父，就像飞鸿有翅膀，像过河有船和桨，仲父不说一句话指教我，我虽然有耳朵，又怎么听到治国之道，学得治国之法呢！"

管子回答说："您要成就霸王之业，干一番大事情吗？那就必须从根本上做起。"

桓公移动身体离开席位,拱手问道:"请问什么叫作根本?"

管子答道:"齐国百姓是您的根本。百姓很怕饥饿而赋税沉重,百姓害怕死亡而刑罚严酷,人们很怕劳苦而国家做事不分时节。您若能减轻赋税,人们就不愁饥饿。宽缓刑罚,人们就不怕死亡。做事有时间限定,人们就不愁劳顿了。"

桓公说:"我听了仲父的话,这三点算是明白了。我不敢独自享有这些良言,要去献给先君。"

于是命令百官准备笔墨版牍,第二天都在太庙的门庭朝见,为百官定好法令,使纳税人只交百分之一,孤幼者不处刑罚,水泽之地按时节开放,关卡只稽查不收费,市场也不征税。对近处的示以忠信,对远处的人示以礼义。这样实行了几年,人民就像流水一般来归附。

解读:

齐桓公在位期间,任用了管仲、隰朋等诸多贤才。但他在治国之初,还未完全使国家达到"治"的地步。当时,齐国税收很重,刑罚严酷,百姓不得安定,齐桓公没有认识到自己的措施有不当的地方。

一次,齐桓公坐在他的座位上,管仲、隰朋进见。管仲、隰朋站了一会,天空上有两只鸿雁飞过。齐桓公叹气说,鸿雁愿意飞到哪里就飞到哪里,鸿雁有两个翅膀,所以才能遂意。齐桓公的言下之意,是鸿雁有羽翼,所以实现了飞行自由。齐桓公的愿望是成就霸王之业,需要有人辅佐,作他的羽翼,言下之意,是大臣们做得不够。管仲向齐桓公进谏忠言,说齐国百姓才是国家的根本。百姓怕饥饿,而当前税收很重,百姓有吃不饱的忧虑;百姓怕刑罚,而当前刑法严酷;百姓怕劳苦,而国家劳役的时间没有限定。若是齐桓公减轻赋税,百姓不忧愁饥饿的问题;宽缓刑罚,百姓不忧愁罪行问题;劳役有时间限定,百姓就不忧愁过分劳顿,国家必然大治。桓公非常赞同管仲的话,就准备到太庙祭祀,把这些话告祭给先君。然后确定法令,纳税者的税率是百分之一,孤幼不准处刑,水泽之地按照时节开放,齐国与其他诸侯国之间的关卡只查问商人运货的情况而不征税,市场上只是记下货品的种类数量而不课税。齐桓公在治国的过程中,表现出了忠信与礼义,获得了齐国百姓的赞美,其他诸侯国的百姓也有到齐国来谋生的,这样齐国的百姓数量增加了很多,国家实力也强大了。

3. 桓公将东游

题解:

这则故事出自《管子·戒》。

原文:

桓公将东游,问于管仲曰:"我游犹轴转毂[1],南至琅邪[2]。司马曰:'亦先王之游已。'何谓也?"

管仲对曰:"先王之游也,春出,原农事之不本者[3],谓之游。秋出,补人之不足者[4],谓之夕[5]。夫师行而粮食其民者[6],谓之亡。从乐而不反者,谓之荒[7]。先王有游夕之业于人,无荒亡之行于身。"

桓公退,再拜,命曰宝法也。

注释:

[1] 犹:欲。毂:毂。轴转毂:车轴转动车毂,表示以车出行之意。

[2] 琅邪:地名,在今山东省胶南市。

[3] 原:查问。不本:没有本钱。

[4] 补:补助。

[5] 夕:通"豫",巡游。

[6] 师:很多人。

[7] 荒:逸乐过度。

译文:

齐桓公将要东游,问管仲道:"我这次乘车出游,想要东起之罘,南至琅琊。司马却说,也要像先王出游一样。这是什么意思呢?"

管仲答道:"先王出游,春天出去,了解农业生产的困难叫作'游'。秋天出去,补助百姓生活的困难叫作'夕'。那种大队人马出行,吃喝老百姓粮食的叫作'亡'。尽情玩乐而不想回来的叫作'荒'。先王对于人民有游有夕的事务,对自己却没有荒和亡的行为。"

桓公退步,然后拜谢说:"这是宝贵的法度。"

解读:

齐桓公桓公准备去巡游,临出发前向管仲问一个问题。他说,我这次出游打算南到琅琊。可大司马却对我建议说，应当像先王那样出游才是。这话是什么意思？管仲回答说，先王出游，春天外出，总是调查农业生产上的情况，并把此称作"游"；秋天外出，则补助人民生活的困苦，并称此为"夕"。那种大队人马出行而吃喝老百姓的行为，叫作"亡"；纵欲游乐而不肯回转的行为，叫作"荒"。先王对于自己的人民有"游""夕"的功绩，而自身却从没有"荒""亡"的行为。桓公听后连连称道，说这实在是宝贵的治国之法。

仿效先王出游之举，实际上是一种借助传统谋略。作为历史积淀沿传下来的东西，有思想道德、风俗习惯、文化艺术乃至一些制度等诸多方面。管子抓住对治理国家具有重要意义的"游""夕"传统，请齐桓公效法，借助传统以戒君、为民。

管仲提请桓公效法先王的"游""夕"之举，其基本点是建立在民众利益基础上，春"游"以调查农业生产情况，秋"夕"以补助人民生活困苦，充分体现了管子以民为本、以农为本的安邦定国智谋。

4. 桓公、管仲、鲍叔牙、宁戚饮酒

题解：

这则故事出自《管子·小称》。

原文：

桓公、管仲、鲍叔牙、宁戚四人饮[1]。

饮酣，桓公谓鲍叔牙曰："阖不起为寡人寿乎[2]？"

鲍叔牙奉杯而起[3]，曰："使公毋忘出如莒时也[4]，使管子毋忘束缚在鲁也，使宁戚毋忘饭牛车下也[5]。"

桓公辟席再拜[6]，曰："寡人与二大夫能无忘夫子之言，则国之社稷必不危矣。"

注释：

[1] 饮：饮酒。

[2] 阖：通"盍"，何。寿：祝酒。

[3] 奉：捧。

[4] 如：至，到。

[5] 饭牛：喂牛。

[6] 辟：通"避"，离开。辟席：离开座位，表示尊敬。再拜：古代的一种礼节。拜了两次，表示恭敬。

译文:

桓公、管仲、鲍叔牙、宁戚四人一起喝酒。

喝到高兴时,桓公对鲍叔说:"为什么不起来给我祝酒呢?"

鲍叔捧杯而起说:"希望您不忘记流亡在莒国的时候,希望管仲不忘记被绑在鲁国的时候,希望宁戚不忘记在车下喂牛的时候。"

桓公离席再拜说:"我和两位大夫若能不忘记鲍叔这些忠告的话,国家就必定没有危险了。"

解读:

此节内容与《戒》篇相似。所讲述的是齐桓公、管仲、鲍叔牙、宁戚四人在一起饮酒,喝到高兴时,齐桓公对鲍叔牙说:"为什么不给我祝酒?"鲍叔牙举杯而起说:"希望您不要忘记流亡在莒国的时候,希望管仲不要忘记被囚在鲁国的时候,希望宁戚不要忘记在车下喂牛的时候。"就在大家喝酒的喜悦场面,鲍叔牙却说出这样的话,从中也可以看出齐桓公的包容和善于纳谏。还可以看出,在管仲为相时期,鲍叔牙、宁戚也在积极参与齐国事务。鲍叔牙的这些话语,对桓公、管仲、宁戚都大有好处。

5. 桓公问管仲称王

题解:

这则故事出自《管子·小问》。

原文:

桓公问管仲曰:"寡人欲霸[1],以二三子之功[2],既得霸矣。今吾有欲王[3],其可乎?"

管仲对曰:"公尝召易牙而问焉[4]"。

鲍叔至,公又问焉。

鲍叔对曰:"公当召宾胥无而问焉[5]"。

宾胥无趋而进[6],公又问焉。

宾胥无对曰:"古之王者[7],其君丰[8],其臣教[9]。今君之臣丰。"

公遵逡缪然远[10],二三子遂徐行而进。

公曰:"昔者大王贤[11],王季贤[12],文王贤,武王贤。武王伐殷,克之,七年而崩[13]。周公旦辅成王而治天下,仅能制于四海之内矣。今寡人之子不若寡人,寡人不若二三子。以此观之,则吾不王必矣[14]。"

注释:

[1] 欲霸:想成就霸业。

[2] 以:因。

[3] 有:通"又"。欲王:想成就王业,称王天下。

[4] 尝:曾经。

[5] 当:应当,应该。

[6] 趋而进:快步向前。

[7] 王:称王。

[8] 丰:指德厚。

[9] 教:"效",仿效。

[10] 遵遁:同"逡巡",退却的样子。缪:通"穆",严肃。远:远离席位。

[11] 大王:即古公亶父,周文王的祖父。

[12] 王季:即季历,周文王之父。

[13] 崩:古代帝王去世称崩。

[14] 不王:不能够称王天下。必:必然,一定。

译文:

桓公问管仲说:"我想成霸业,依靠众大臣之功,已经实现了。现在我又想成就王业,还可以吗?"

管仲答道:"您以前曾经问过易牙这个问题。"

鲍叔牙到,桓公又问了这个问题。

鲍叔牙回答说:"您可召见宾胥无来问一问。"

宾胥无小步快走进来,桓公又问这个问题。

宾胥无回答说:"古代成就王业的,都是君主德高望重,大臣效法君主的德行,而今天的情况是您的大臣反而德望更高些。"

桓公逡巡而退,穆然而思,大臣们就慢慢走上前去。

桓公说:"从前,周的大王古公亶父贤明,王季贤明,文王贤明,武王也贤明。武王伐殷获胜,七年后去世。周公旦辅佐成王治理天下,这样仅仅控制了四海之内。现在我的儿子不如我,我又不如诸位。由此看来,我不能成就王业,是注定的了。"

解读:

此节讲的是齐桓公霸业已成,开始想要成就王业,询问臣下。管仲、鲍叔、宾胥无三位臣子通过各种方法巧妙劝阻的事情。此处桓公欲称王之事,不见于《左传》《国语》《史记》。

6.管仲知桓公之可以霸

题解:

这则故事出自《管子·小问》。

原文:

桓公践位,令衅社塞祷[1]。祝凫、已疵献胙[2]。祝曰:"除君苛疾[3],与若之多虚而少实。"

桓公不说[4],瞋目而视祝凫、已疵[5]。祝凫、已疵授酒而祭之。曰:"又与君之若贤。"

桓公怒,将诛之而未也,以复管仲[6]。管仲于是知桓公之可以霸也。

注释:

[1] 衅社:用血祭土神。社:土地神。塞祷:酬谢神的祷告。塞:通"赛",酬报。

[2] 祝:祝史,掌管祝事的官员。凫、已疵:祝史姓名。胙:祭肉。

[3] 除:除去。苛疾:苛刻烦琐的毛病。

[4] 说:悦。

[5] 瞋目:瞪着眼。

[6] 复:回复,告诉。

译文:

桓公登上君位,命令血祭社神进行祈祷。史凫、已疵献上祭肉,祈祷说:"请除掉国君苛烦的毛病和他那多虚少实的作风。"

桓公不高兴,怒目而视史凫、已疵。史凫、已疵又再斟酒祭祀,说:"还请除掉君主似贤非贤的毛病。"

桓公发怒,要杀祝史凫、已疵,但终于忍住而没杀他们。齐桓公将这件事告诉管仲,管仲从这件事上看到桓公是可以成就霸业的。

解读：

此节中，祝人借着祭祀酬神之际，公开指出齐桓公讲虚话、不干实事的缺点。虽然齐桓公听后很生气，但是理智仍然战胜了冲动，事后未做任何处罚。由此可知，齐桓公处事还是以社稷为重的。

7. 管仲、隰朋论君子之德

题解：

这则故事出自《管子·小问》。

原文：

桓公放春三月观于野[1]。

桓公曰："何物可比于君子之德乎[2]？"

隰朋对曰："夫粟，内甲以处[3]，中有卷城[4]，外有兵刃[5]，未敢自恃，自命曰粟，此其可比于君子之德乎！"

管仲曰："苗，始其少也[6]，眴眴乎何其孺子也[7]！至其壮也，庄庄乎何其士也[8]！至其成也，由由乎兹免[9]，何其君子也！天下得之则安，不得则危，故命之曰禾。此其可比于君子之德矣。"

桓公曰："善。"

注释：

[1] 放春：春游。观于野：在田野游览。

[2] 德：品德，德行。

[3] 甲：盔甲。

[4] 卷城：指谷子以外壳为围城。卷：通"圈"。

[5] 兵刃：指谷粒以芒刺为武器。

[6] 少：幼小。

[7] 眴眴：同"恂恂"，柔顺的样子。何其孺子：多么像孺子。

[8] 庄庄：庄重的样子。何其士：多么像一个士人。

[9] 由由：通"油油"，和悦的样子。兹免：更加俯首向根。兹：益。免：俯。

译文：

桓公三月天春游，在田野观赏。

桓公说:"什么作物可以与君子之德相比呢?"

隰朋答道:"粟粒,身以谷皮作甲胄,中间有外壳作圈城来保护,外面有尖锐的谷芒作兵刃,它还不敢自恃强大,自称为粟,这大概可以与君子之德相比吧。"

管仲说:"禾苗,它开始时柔顺得多么像个孺子,到它壮大时,庄重得多么像个士人。等到成熟时,谦和地垂首向根,多么像个君子。天下有了它就安定,没有它就危险,所以叫作禾。① 这可以同君子之德相比了。"

桓公说:"说得太好了。"

解读:

春秋时期,士这一阶层发生了重大变化。这种变化起源于社会阶级的变动,即上层贵族的下降和下层庶民的上升。当时君子这一概念,与士有着密切的联系。所谓君子,被认为是有利于国家强盛、社会安定的贤能之士。正是基于这种认识,各国君主都把君子作为争夺的主要对象。一次齐桓公春游,问隰朋、管仲何物可比君子之德。

隰朋与管仲分别用粟、禾来比附君子的美德。隰朋认为,粟身有盔甲,中有圈城卫护,外有尖利的兵刃,却不敢自恃强大,这就是君子的谦逊美德。管仲则以禾为例,禾苗初生之时,柔嫩和顺如同孩子。长成以后,庄重威严如同男子汉。等到成熟之际,恭敬地弯腰俯首向地,这才是君子之风。管仲把禾苗的不同生长阶段,同人们由孺子到士,最终发展到君子的这一过程,做了形象的比拟,形象生动地描述了君子之德,还进一步强调了君子的作用,"天下得之则安,不得则危",暗示齐桓公只有礼贤下士,招揽天下贤才,才能达到富国强兵和称霸天下的目的,受到桓公称赞。

8. 管仲跟从桓公伐孤竹

题解:

这则故事出自《管子·小问》。

原文:

桓公北伐孤竹,未至卑耳之溪十里,闟然止[1],瞠然视[2],援弓将射[3],引而未敢发也。

---

① "禾"与"和"同音,表示谦和,和谐之义。

谓左右曰："见是前人乎?"

左右对曰,"不见也。"

公曰："事其不济乎[4],寡人大惑。今者寡人见人,长尺而人物具焉[5],冠[6],右祛衣[7],走马前疾[8],事其不济乎! 寡人大惑。岂有人若此者乎?"

管仲对曰："臣闻登山之神,有俞儿者,长尺而人物具焉。霸王之君兴而登山,神见,且走马前疾,道也。祛衣,示前有水也。右祛衣,示从右方涉也[9]。"

至卑耳之溪,有赞水者曰[10]:"从左方涉,其深及冠[11]。从右方涉,其深至膝。若右涉,其大济[12]。"

桓公立拜管仲于马前曰[13]:"仲父之圣至若此,寡人之抵罪也久矣[14]。"

管仲对曰:"夷吾闻之,圣人先知无形[15]。今已有形而后知之,臣非圣也,善承教也。"

注释:

[1] 閴然:突然停止。

[2] 瞠然:睁大眼睛的样子。

[3] 援:拿起。

[4] 济:成功,完成。

[5] 长尺:一尺长。具:具备。

[6] 冠:戴着帽子。

[7] 右祛衣:撩起右边的衣襟。

[8] 疾:快。

[9] 涉:渡。

[10] 赞水者:引导渡水的人。赞:导。

[11] 及:至。

[12] 济:渡过。

[13] 立拜:站着拜。

[14] 抵:当。

[15] 先知:事先知道。

译文:

桓公北伐孤竹国,在离卑耳溪十里的地方,突然停止前进。桓公惊视前方,挽弓将射,但引而未发。

桓公对左右随从说:"看见到前面的人吗?"

左右答道："没有见到。"

桓公说："事情大概不会成功了吧？我真大惑不解了。刚才我看到一个人，身长一尺而相貌齐全。他戴着帽子，右手撩衣，在马前很快而过。事情大概不会成功了吧？我大惑不解，怎会有这样的人呢？"

管仲回答说："我听说登山之神有叫俞儿的，身长一尺而人的面目齐全。当霸王之君将兴时，这种登山之神就出现。他跑在马前很快而过，表示前有道路；撩衣，表示前面有水；右手撩衣，表示可以从右边渡过。"

到了卑耳溪，有引导渡水的人说："从左边渡水，其深没顶，从右边渡水，其深至膝。若从右过，完全可以成功。"

桓公立刻拜管仲于马前说："仲父的圣明到了这种程度，我实在是久当有罪了。"

管仲答道："我听说，圣人预知事物于无形，我现在是事情已经有形，然后才知道，因此还不算圣明，只不过是善于接受圣人的教导罢了。"

解读：

"孤竹"即孤竹国，也就是商朝末年贤人伯夷、叔齐的母国。

齐桓公讨伐孤竹国，半路上忽然看见一个人形，约莫一尺高，面目全备，还带着冠冕，衣服的右边撩了起来，从齐桓公的马前急速跑过。桓公问众人看没看见这个小人，众人都说没看见。管仲成功破解了这个谜团，考证此物是名叫"俞儿"的"登山之神"。

这个故事很神奇，但反映了齐桓公、管仲他们讨伐孤竹所历经的艰难险阻，也表现了管仲的博学多才。

9. 桓公使管仲求宁戚

题解：

这则故事出自《管子·小问》。

原文：

桓公使管仲求宁戚[1]。宁戚应之曰[2]："浩浩乎[3]。"管仲不知[4]，至中食而虑之[5]。

婢子曰："公何虑？"

管仲曰："非婢子之所知也[6]。"

婢子曰："公其毋少少[7]，毋贱贱[8]。昔者吴、干战[9]，未龀不得入军门[10]。国子擿其齿[11]，遂入，为干国多[12]。百里奚，秦国之饭牛者也[13]。穆公举而相之，遂霸诸侯。由是观之，贱岂可贱，少岂可少哉！"

管仲曰："然，公使我求宁戚，宁戚应我曰：'浩浩乎。'吾不识。"

婢子曰："诗有之：'浩浩者水，育育者鱼[14]，未有室家，而安召我居[15]？'宁子其欲室乎[16]？"

注释：

[1] 求：征召。

[2] 应：答复。

[3] 浩浩：水盛大的样子。

[4] 不知：不明白。

[5] 中食：进食之中。虑：思考。

[6] 知：知道。

[7] 毋：不要。少少：小看少年人。

[8] 贱贱：鄙视低贱的人。

[9] 干：字当作"邗"，古国名。

[10] 未龀：乳齿未脱。龀：小孩换乳齿。

[11] 国子：小孩名。擿：摘取。

[12] 多：战功曰多。

[13] 饭牛：喂牛。

[14] 育育：鱼游动自如的样子。

[15] 安：哪里。居：居住。

[16] 室：结婚成家。

译文：

桓公派管仲聘请宁戚，宁戚答道："浩浩乎。"管仲不明白是什么意思，吃饭时还在思考。

一个婢女说："您有什么心事？"

管仲说："不是你所能懂得的。"

婢女说："您不要小看少年人，也不要鄙视卑贱者。从前吴国与邗国打仗，邗国规定未脱乳齿的少年不得参军，国子就拔掉他的乳齿，参军为邗国立了许多战功。百里奚，本是秦国养牛的，秦穆公提拔他为相，便称霸诸侯。由此观之,贱者岂可鄙视,少年岂可小看。"

管仲说:"是这样。桓公派我去聘请宁戚,宁戚答复我说'浩浩乎',我不知道是什么意思。"

婢女说:"诗中有这样的句子:'浩浩荡荡的水,活泼游动的鱼,没有结婚家室,召我住在哪里?'宁戚大概是想要娶妻成家吧?"

解读:

宁戚本来是卫国人,他为了干出一番事业,来到齐国。

根据《吕氏春秋·离俗览》记载,卫人宁戚想要求见齐桓公,但家中贫穷,没办法自我引荐,只得为商贾赶牛车,最终来到齐国。当他夜宿于临淄城门外的时候,刚好遇到齐桓公在众多随从的簇拥下,半夜出城门迎宾客。宁戚站在车旁喂牛,远远望见桓公,悲从中来,敲击牛角,引吭高歌。桓公听见歌声,说:"非同寻常啊,这位唱歌的人不是寻常人物啊!"于是请宁戚入临淄都城做官。宁戚后来成为齐桓公时期著名的卿大夫,为齐国的繁荣强盛做出很大贡献。根据史书记载,宁戚著有《相牛经》一卷,是畜牧专著,对促进齐国农牧业发展产生一定作用。

这个故事,应该是齐桓公发现宁戚的才能之后,请管仲安置宁戚。管仲问宁戚有什么要求,宁戚说了三个字:"浩浩乎。"这是什么意思呢?管仲没有想出来,吃饭的时候还在想。管仲有个婢女非常聪明,发现管仲在想事情,就问管仲有什么心事,管仲不想告诉她。婢女说,不能瞧不起少年人和地位低下的人,还举了国子和百里奚的例子。管仲于是就将来龙去脉说了,婢女说,诗中有这样的句子:"浩浩者水,育育者鱼。未有室家,而安召我居?"宁戚引用诗中的语言,含蓄地表达了他对未来生活的期望。宁戚的意思是,我没有家室,那我住在哪里呢?

从这里可以看出,每个人在思维过程中都有盲区,智慧过人的管仲,有时候会遇到想不出来的难题,而卑贱者如管仲的婢女,也会想出解决问题的思路。这个故事告诉我们,尺有所短,寸有所长,要善于学习别人的长处。

10. 桓公与管仲阖门而谋伐莒

题解:

这则故事出自《管子·小问》。

原文：

　　桓公与管仲阖门而谋伐莒[1]，未发也[2]，而已闻于国[3]，其故何也？

　　管仲曰："国必有圣人。"

　　桓公曰："然。夫之役者，有执席食以视上者[4]，必彼是邪？"于是乃令之复役[5]，毋复相代[6]。少焉东郭邮至[7]。

　　桓公令傧者延而上[8]，与之分级而上，问焉。曰："子言伐莒者乎？"

　　东郭邮曰："然，臣也。"

　　桓公曰："寡人不言伐莒，而子言伐莒，其故何也？"

　　东郭邮对曰："臣闻之，君子善谋，而小人善意[9]，臣意之也。"

　　桓公曰："子奚以意之[10]？"

　　东郭邮曰："夫欣然喜乐者，钟鼓之色也[11]。夫渊然清静者[12]，缞绖之色也[13]。漻然丰满而手足拇动者[14]，兵甲之色也。日者臣视二君之在台上也[15]，口开而不阖，是言莒也。举手而指，势当莒也。且臣观小国诸侯之不服者，唯莒于是。臣故曰伐莒。"

　　桓公曰："善哉。以微射明[16]，此之谓乎！子其坐，寡人与子同之[17]。"

注释：

[1] 阖：关闭。

[2] 发：发动，行动。

[3] 国：都城。

[4] 视上：向上看。

[5] 复役：再次服役，再次当差。

[6] 代：代替。

[7] 少焉：没多久。

[8] 傧者：负责接待的人员。延而上：请他上来。

[9] 善意：善于以意猜测。意：同"臆"，推测。

[10] 奚：何。

[11] 色：情状、气派。

[12] 渊然：深沉的样子。

[13] 缞绖：丧服。

[14] 漻然：清澈的样子。

[15] 日者：那天。

[16] 射：猜测，推测。

[17] 同：一起，共同。

译文：

　　桓公与管仲关着门密谋伐莒，还没行动，临淄都城的人就已经知道了，这是什么缘故？

　　管仲说："都城中必有圣人。"

　　桓公说："是的。那天服役的人员中有一个执席食并同时往上看的人，一定是他吧？"于是便让他继续服役，不得轮换。不一会儿，东郭邮来了。

　　桓公命礼宾官员请东郭邮上来，礼宾官与他分级而上。桓公问他说："是你说要伐莒的吧？"

　　东郭邮说："是的，是我。"

　　桓公说："我未曾说伐莒而你说伐莒，这是为什么？"

　　东郭邮答道："我听说，君子善于谋划，小人善于推测，这是我推测出来的。"

　　桓公说："你是怎样推测的？"

　　东郭邮说："欣然喜乐，是钟鼓娱乐时的情状。深沉清静，是居丧戴孝时的情状。形貌清澈丰满而手足拇指都有动作，是战争将发的情状。那天我看你们两位在台上，口开而不合，是在说'莒'，举手指划，方向对着莒国。而且我发现，小国诸侯不肯服从的，只有莒国，所以我说将会伐莒。"

　　桓公说："很好。从细微动作推测大事，说的就是这种情况。您请坐，我与您一起谋事。"

解读：

　　东郭邮为齐桓公从事服务活动，他远远看到齐桓公神色清澈气满，手足指动，好像在谋划战争。仔细观察，齐桓公与管仲谈话常常口开而不合，类似是"莒"的发音。而当时不服从齐国的邻近小国也只有莒国，由此做出判断：齐国要攻伐莒国。东郭邮注重细节、善于观察、通晓时事，所以对桓公与管仲商量准备讨伐莒国的事情做出了准确判断。管仲推断都城中有极有智慧的人，引发了齐桓公的思考，从而发现了东郭邮这位具有极强判断力的、出身于微贱的政治家。

11. 管仲、隰朋从桓公伐孤竹

题解：

这则故事出自《韩非子·说林上》。

原文：

管仲、隰朋从桓公伐孤竹[1]，春往冬反，迷惑失道[2]。

管仲曰："老马之智可用也。"乃放老马而随之[3]，遂得道。

行山中无水，隰朋曰："蚁冬居山之阳[4]，夏居山之阴[5]，蚁壤寸而有水[6]。"乃掘地，遂得水。

以管仲之圣而隰朋之智[7]，至其所不知，不难师于老马与蚁[8]。今人不知以其愚心而师圣人之智，不亦过乎[9]！

注释：

[1] 伐：讨伐。孤竹：古国名，在今河北卢龙县一带。

[2] 失道：迷路，迷失道路。

[3] 而：连词，表示在时间上一先一后的两种行为。

[4] 山之阳：指山南。阳：山南、水北为阳。

[5] 山之阴：指山北。阴：山北、水南为阴。

[6] 蚁壤：蚁穴周围高出地面的浮土，古时又叫"蚁封"，又叫"蚁垤"。

[7] 圣：贤能，高明。

[8] 不难：不怕、不惜的意思。师：学习。

[9] 过：错误。

译文：

管仲、隰朋跟随齐桓公讨伐孤竹，春天去的，冬天回来。在回来的路上迷路了。

管仲说："可以借助老马的智慧。"于是放开老马，让老马在前面走，人跟在老马的后面，便找到了路。

齐国的军队在山中行军，没有水喝，隰朋说："蚂蚁冬天居住在山的南面，夏天居处在山的北面。蚂蚁洞穴口的土有一寸高的地方，掘下去一定有水。"于是就在有蚂蚁窝的地方掘地，果然挖到了水。

以管仲这样极其贤明的人和隰朋这样极其有智慧的人，遇到他们不知道的事情,还要向老马和蚂蚁学习。现在有人不知道用自己愚昧的心智去学习圣人的智慧,不也是错误的吗?

解读:

　　此节出自《韩非子》。

　　此节这个故事,记载当年齐桓公带领齐国的军队去讨伐孤竹国,管仲、隰朋也在队伍中。齐桓公、管仲、隰朋和齐国的军队到北方讨伐孤竹,春天去讨伐,冬天返回齐国。军队在回齐国的途中迷路了,管仲说,可以借助老马的智慧。于是放开老马的缰绳,他们跟着老马,果然找到了归路。在山中行军,没有水源,军队喝水成为问题,隰朋说,蚂蚁冬天住在山的南面,夏天住在山的北面,蚂蚁洞边上的浮土若是高达一寸,浮土下面的地方就有水。他们发现了这样的蚂蚁窝,从浮土那里往下挖掘,果然找到了水源。管仲、隰朋都是非常有智慧的人,他们都不能全知全能,需要借助外力的帮助,一般人更应该谦虚学习,才能有所进步。

　　管仲知道让老马引领道路,隰朋知道借助蚂蚁找到水源,这两个故事中,管仲的故事更为有名,因此产生了一个成语"老马识途",比喻对某事富有经验,能为先导。又用"识途马""识途骥"比喻富于经验的人。

　　故事中的孤竹国,在商代至春秋时期,是一个非常有名的诸侯国。孤竹国,又叫"觚竹",西南起今河北迁安、卢龙,沿渤海北岸东抵辽宁兴城,北达辽宁至内蒙古敖汉旗南部的广袤范围之内。都城孤竹城,位于今河北卢龙县。孤竹兴于殷商,衰于西周,亡于春秋。孤竹国君姓墨胎氏,也称为墨夷氏、目夷氏,与商代君主是一家。孤竹国历史上最著名的人物是伯夷、叔齐。周武王出兵伐纣,伯夷、叔齐二人认为这是以下犯上之举,扣马而谏,极力反对武王出兵伐纣。武王克商后,伯夷、叔齐耻食周粟,逃隐于首阳山,最后活活饿死。春秋初年,孤竹仍然存在,《史记·齐太公世家》记载,齐桓公救燕,"遂伐山戎,至于孤竹而还"。《国语》卷六《齐语》记载,齐桓公救燕,"北伐山戎,刜令支,斩孤竹而南归"。当时孤竹为山戎之与国,故齐桓公北伐山戎,将孤竹也列在讨伐之列。齐桓公这次北伐,给了孤竹以毁灭性打击,孤竹国君被斩首。时在齐桓公二十二年(前664)。虽然国君被杀,但此次并未消灭孤竹。大约在四年之后(前660),齐桓公又"北举事于孤竹",彻底征服了孤竹,孤竹国灭亡。[①]

----

①　冯金忠、陈瑞青《河北古代少数民族史》,民族出版社2014年版,第9页。

12. 管仲劝桓公率先垂范

题解：

这则故事出自《韩非子·外储说左上》。

原文：

齐桓公好服紫[1]，一国尽服紫。当是时也，五素不得一紫[2]。

桓公患之，谓管仲曰："寡人好服紫，紫贵甚，一国百姓好服紫不已，寡人奈何？"

管仲曰："君欲止之，何不试勿衣紫也[3]？谓左右曰[4]：'吾甚恶紫之臭[5]。'于是左右适有衣紫而进者[6]，公必曰：'少却[7]，吾恶紫臭。'"

公曰："诺。"

于是日，郎中莫衣紫[8]；其明日，国中莫衣紫[9]；三日，境内莫衣紫也。

注释：

[1] 好：喜欢。紫：紫色衣服。

[2] 素：纯色的帛。

[3] 衣：穿着。

[4] 左右：左右之人，近侍。

[5] 恶：厌恶，烦恶。臭：气味，味道。

[6] 适：恰好，正好，刚巧。进：上朝，进见。

[7] 少：稍微。却：退，后退。

[8] 郎中：官名，侍卫近臣。

[9] 国：都城。

译文：

齐桓公喜欢穿紫色的衣服，结果，全国人都穿紫色衣服。当时，五匹素绢还抵不上一匹紫色的绢。

齐桓公为此事忧虑，他对管仲说："寡人喜欢紫色衣服，紫色布料这么贵，整个齐国的人都争着穿紫色衣服，我怎么办？"

管仲说："君上如果想制止，何不从自己开始不穿紫衣服试试？您可以对左右的人说：'我很讨厌紫色的气味。'如果左右的人恰好有穿紫衣服前来的，您一定要说：'稍微退后一点，我讨厌紫衣服的气味。'"

齐桓公说："好。"

就在当天，宫中的官员就没有穿紫色衣服的了；第二天，都城临淄城中就没有人穿紫色衣服了；第三天，齐国境内的人都不穿紫色衣服了。

解读：

齐桓公很喜欢穿紫色衣服，齐国的百姓追随桓公的喜好，整个境内的百姓都穿紫色衣服。一时间，紫色绸缎价格很高，五匹没有染色的绸缎抵不上一匹紫色绸缎的价钱。桓公很忧虑，向管仲咨询改变国人喜穿紫衣习惯的办法。

管仲说，禁止齐国人穿紫色衣服的办法，是君主要率先垂范，在言行上表现出来。君主自己不穿紫衣服，还要告诉身边的官员，很讨厌紫色衣服发出来的气味。若是恰好有近臣、侍从来到近前，君主一定要对他们说，稍微退后一点，我不喜欢紫色衣服的气味。桓公答应了。果然，当天近臣、侍从中就没有穿紫衣服的了，第二天，国都中也没有穿紫衣的人了，到了第三天，整个齐国的人都不穿紫衣服了。

管仲抓住国人对君主的效仿心理，让桓公率先垂范，不穿紫衣，从而改变了国人的态度，解决了桓公的问题。说明君主若率先垂范，以身作则，就能改变百姓的习俗，体现了君主做事对臣下和国民的重大影响。

13. 管仲相齐

题解：

这则故事出自《韩非子·外储说左下》。

原文：

管仲相齐，曰："臣贵矣[1]，然而臣贫[2]。"

桓公曰："使子有三归之家[3]。"

曰："臣富矣，然而臣卑。"桓公使立于高、国之上[4]。

曰："臣尊矣，然而臣疏[5]。"乃立为仲父。

注释：

[1] 贵：地位高。

[2] 贫：贫穷，没有钱。

[3] 三归：指市租的十分之三。

[4] 高：高子，高氏世为齐之上卿。国，国子。国氏与高氏并为齐国最有势力的
　　　贵族。

[5] 疏：疏远，不亲近。

译文：

　　管仲做了齐国的相，他说："我现在地位高了，可是我还很贫困。"

　　桓公说："那让你享有十分之三的市租充作家用。"

　　管仲说："我富有了，可是我的地位还很卑下。"桓公便将其地位列在高、国
两位上卿之上。

　　管仲说："我现在尊贵了，可是君主还不亲近我。"桓公于是立管仲为仲父。

解读：

　　桓公成为齐国的君主之后，管仲在鲍叔牙的推荐下，成为桓公的相，全面负
责齐国的行政管理。管仲为了树立行政管理的权威性，向桓公提出了三条要
求。管仲说，我现在地位高了，但是我家里很贫困，经济条件不好。桓公答应了
管仲的要求，使管仲享有十分之三的市租。过了一段时间，管仲说，现在富有
了，但是官职的职位还不是最高的。桓公于是使管仲的职位高于齐国的上卿高
子、国子，成为齐国整个国家中除了桓公之外，地位最高的人。又过了一段时
间，管仲说，现在的地位是很尊贵了，但是与君主的关系还不够亲密。于是桓公
立管仲为仲父。管仲于是成为齐国极其富裕的人，他的地位比上卿高子、国子
还高，他和桓公的关系极其亲密，桓公称他为仲父。管仲因为这些因素，而在齐
国具有很高的权威，为齐桓公称霸做出非常大的贡献。

　　《韩非子》在记载的这个故事的后面议论说，管仲认为卑贱者是不能管理高
贵者的，所以要求位于高氏、国氏两大贵族之上；认为穷人是不能管理富人的，
所以请求拥有与国民收入三成相当的俸禄；认为和君主关系疏远的人是不能管
理和君主关系亲近的人的，所以要让桓公称自己为"仲父"。管仲这样做并不是
贪婪，而只是为了便于管理。

　　这个故事有虚构的成分，《韩非子》用管仲与齐桓公的故事，主要是为了说
明道理。

14. 管仲与封人

题解：

这则故事出自《韩非子·外储说左下》。

原文：

管仲束缚[1]，自鲁之齐[2]，道而饥渴[3]，过绮乌封人而乞食[4]。乌封人跪而食之[5]，甚敬。

封人因窃谓仲曰[6]："适幸[7]，及齐不死而用齐[8]，将何报我[9]？"

曰："如子之言，我且贤之用[10]，能之使[11]，劳之论[12]。我何以报子[13]？"

封人怨之[14]。

注释：

[1] 束缚：捆绑。管仲先事公子纠，用箭射中桓公带钩。桓公立，用鲍叔牙之谋，将重用他，索于鲁国，所以鲁国捆绑管仲，将他送回齐国。

[2] 之：往，去。

[3] 道：行在路上。

[4] 绮乌：春秋时鲁国地名。封人：防守边界的官吏。

[5] 乌：即绮乌。食：给饭吃。

[6] 窃：偷偷地，私下里。

[7] 适：如果。幸：侥幸。

[8] 及：到达。用：掌权。

[9] 报：报答。

[10] 且：将。贤之用：任用贤人。

[11] 能之使：使用有才能的人。

[12] 劳之论：评定有功劳的人。

[13] 子：代词，表示第二人称，相当于"您"。

[14] 怨：怨恨，仇恨。

译文：

管仲被捆绑着，从鲁国押送到齐国去，在路上非常饥渴。管仲经过鲁国一个叫绮乌的地方，他向边界的守卫官乞讨食物。绮乌的守卫官跪着把饭献给管仲,对管仲非常恭敬。

守卫官偷偷地对管仲说:"如果您侥幸到了齐国,不死而被重用,将怎样报答我?"

管仲回答说:"果真如您所说,我将任用贤人,使用有才能的人,推荐有功劳的人,论功行赏。我能拿什么报答您呢?"

那个守边官员听了,非常怨恨管仲。

解读:

这个故事不见于先秦其他典籍。

公子纠与公子小白争夺齐国君主的位子,小白当时在莒国,公子纠在鲁国。莒国距离齐国都城临淄较近,小白比公子纠早到齐国,成了君主,这就是齐桓公。桓公成为君主后,迫使鲁国杀死公子纠。在鲍叔牙的推荐下,桓公准备任命管仲为相。为了麻痹鲁国,齐国的使者说,管仲需要被带到齐国,齐桓公要亲自处置他。

管仲被捆绑起来,从鲁国运到齐国,一路上又饥又渴。经过齐国与鲁国的边界关卡的时候,管仲向守关的人要饭吃。守关的人跪着喂管仲饭,对管仲非常恭敬。他悄悄地问,若是管仲将来到齐国得到重用,会怎样报答他。管仲说,若是因为自己有才能而受到重用,会根据制度,任人唯贤、任人唯才、论功行赏,没有什么能拿来报答守关的人。守关人本来希望通过恭敬地对待管仲,在管仲困苦的时候喂他饭食,获得将来的好处,没想到管仲如此坚持原则,内心充满了怨恨。封人希望管仲给他一个肯定的答复,其实管仲的话语里面,可能也隐藏着这样的内容,若是封人是贤能之人,也会得到任用的。

封人跪着给管仲奉献饮食,毕恭毕敬。但这"敬"并非出自对管仲人格的尊重与敬佩,更不是对他被囚的同情,而是为了万一管仲被释放,被重用时能得到一点好处,是为了下小本钱,谋大利润,是政治交易。所以,当交易没谈成时,就从"甚敬"变为"怨之"。管仲虽然身为囚犯,生死难料,但仍能秉公持正,决心如被任用,要举贤任能,论功行赏。这个故事表明,管仲认为在用人的问题上,不应以私人的恩怨和个人关系的亲疏为标准,而应根据人的实际才能。

15. 管仲劝桓公以修政雪耻

题解：

这则故事出自《韩非子·难二》。

原文：

齐桓公饮酒醉，遗其冠[1]，耻之[2]，三日不朝[3]。

管仲曰："此非有国之耻也，公胡不雪之以政[4]？"

公曰："善。"

因发仓囷赐贫穷[5]，论囹圄出薄罪[6]。处三日而民歌之曰[7]："公乎，公乎，胡不复遗冠乎！"

注释：

[1] 遗：失，遗失。

[2] 耻：羞耻。之：指"遗其冠"这件事。

[3] 不朝：不视朝治政，不处理政务。

[4] 胡：为什么。雪：洗刷。政：善政。

[5] 囷：圆的米囤。

[6] 囹圄：牢狱。论囹圄：指审查狱囚。

[7] 处三日：过了三日。

译文：

齐桓公喝酒喝醉了，丢失了自己的帽子，他为此感到羞耻，三天没上朝听政。

管仲说："这不是拥有国家政权者的耻辱，您为什么不用搞好政事的方法来洗刷这件事呢？"

桓公说："好。"

于是命人打开粮仓谷囷，把粮食赐给贫穷的人。审查监狱，释放了犯轻罪的人。过了三天，百姓赞颂这件事，歌唱说："君主啊，君主啊，您为什么不再丢失帽子呢？"

解读：

齐桓公在管仲辅佐下，国家蒸蒸日上。

有一天，桓公喝醉了酒，把头上戴的帽子丢了。君主的冠是身份的象征，冠丢了这件事,让桓公觉得非常羞愧,因此三天不上朝处理政事。管仲向桓公提出了以修政雪耻的建议。桓公觉得非常有道理,于是命人打开粮仓,把粮食分发给贫苦的人;还审查狱中的犯人,放出罪轻的人。过了三天,百姓唱歌赞美桓公,希望桓公再丢失帽子。

管仲的建议,把桓公本来以为羞耻的事情,变成为一件美好事情的象征,所以百姓盼望桓公再一次丢失帽子。这个故事也表达了百姓对善政的向往。

以宗周礼乐文明制度来说,冠冕是身份的象征,桓公遗失了冠,他感到羞愧。但是对于百姓来说,吃饱饭才是最迫切的需求,所以他们没有特别从礼仪方面来约束齐桓公。

16. 管仲、卫姬劝桓公

题解：

这则故事出自《吕氏春秋·审应览·精谕》。

吕不韦,战国末卫国人。原为"阳翟大贾",在赵国首都邯郸结识秦国人质子楚。在吕不韦帮助下,子楚得立为太子,后继位为秦王,是为庄襄王,以吕不韦为丞相,封文信侯。当时各国都在争相吸引人才,养士之风盛行,"战国四公子"魏国的信陵君、楚国的春申君、赵国的平原君、齐国的孟尝君,都以礼贤下士,吕不韦身居相位,也广招宾客。他给这些宾客以优厚的待遇,请他们各自写下所见所闻,汇编为《吕氏春秋》。《吕氏春秋》,因内容广博而归为"杂家",是一部百科全书式的巨著。《吕氏春秋》分为"十二纪""八览"和"六论"三大部分,每部分由若干篇文章组成,是对先秦学术文化的整合。①

原文：

齐桓公合诸侯[1],卫人后至。

公朝而与管仲谋伐卫[2]。退朝而入,卫姬望见君[3],下堂再拜,请卫君之罪。

公曰："吾于卫无故[4],子曷为请[5]?"

对曰："妾望君之入也[6],足高气强[7],有伐国之志也。见妾而有动色[8],伐卫也。"

明日君朝,揖管仲而进之[9]。

---

① 谢谦《国学词典》,四川辞书出版社2018年版,第620～621页。

管仲曰："君舍卫乎?"

公曰："仲父安识之[10]?"

管仲曰："君之揖朝也恭而言也徐[11],见臣而有惭色,臣是以知之。"

君曰："善! 仲父治外,夫人治内,寡人知终不为诸侯笑矣。"

桓公之所以匿者不言也,今管子乃以容貌音声,夫人乃以行步气志。桓公虽不言,若暗夜而烛燎也[12]。

注释:

[1] 合:会盟。有人认为是指齐桓公三十五年(前651)葵丘之会,时当卫文公九年。

[2] 朝:朝见大臣。

[3] 卫姬:齐桓公夫人。卫公室之女,姬姓,故称卫姬。

[4] 无故:无事。

[5] 曷:同"何",为什么。

[6] 妾:古代贵族之妻自用的谦称。

[7] 足高气强:犹趾高气扬。

[8] 动色:改变脸色。

[9] 揖:作揖。

[10] 识:知。

[11] 揖朝:揖大臣上朝。

[12] 烛燎:燃火炬照明。烛:照。燎:火炬。①

译文:

齐桓公以盟主的身份召集诸侯,卫国的君主来晚了。

齐桓公朝见管仲,与管仲商量着讨伐卫国。桓公退朝回宫内,夫人卫姬望见桓公,忙走下堂拜了两拜,替卫君请罪。

桓公说:"我和卫国没有瓜葛,你请什么罪呀?"

卫姬说:"我看见你进来时,趾高气扬,有讨伐他国的志向。一见到我而脸色发生变化,表明是要讨伐卫国。"

第二天桓公上朝,拱手请管仲向前。

管仲说:"您要放弃讨伐卫的想法吧?"

---

① 张富祥注说《吕氏春秋》,河南大学出版社2010年版,第497页。

　　桓公说："仲父是怎么看出来的？"

　　管仲说："君主您上朝时态度恭敬，说话和缓，见了我面有羞惭之色，所以我这就知道了。"

　　桓公说："太好了。仲父管理朝廷之事，夫人管理内宫之事，看来我不会被诸侯耻笑了。"

　　桓公不说话来掩盖自己的意图，而管仲能通过容貌声音，夫人能够凭借步伐、志气来判断他的内心活动。桓公虽然不说话，他的内心所想，依然如黑夜点燃的蜡烛那样明亮。

解读：

　　对于生活、侍应在君主身边的人，善于察言观色可能是必备的本领。君主之喜怒哀乐好恶，是夫人姬妾留心的问题，但内宫的妃妾窥测君主意欲，出发点是为了固宠和争宠。

　　卫姬固然是为了维护母国的利益，也不排除固宠避祸的目的。与宫妃固宠而察言观色不同，管仲是为了国家大事而观察君主言行，揣度桓公心理。桓公在管仲的辅助下，九合诸侯、一匡天下，就是建立在彼此相知的基础上。

　　管仲能够从桓公上朝的态度、说话的迟速和脸色的变化中，推测到君主处理政务策略的转变，显示出极高的智慧。

17. 管仲弃酒

题解：

　　这则故事出自《韩诗外传》。

　　《韩诗外传》相传为西汉韩婴撰。韩婴，汉文帝时立为博士，景帝时立为常山王太傅。《汉书·艺文志》著录《韩故》三十六卷、《韩内传》四卷、《韩外传》六卷，今本十卷。《韩诗外传》是一部记述中国古代史实、传闻的著作，是轶事、道德说教、伦理规范以及实际忠告等不同内容的汇编。《韩诗外传》以儒家为本，从礼乐教化、道德伦理方面阐发了其思想。

原文：

　　齐桓公置酒，令诸大夫曰："后者，饮一经程[1]。"

　　管仲后，当饮一经程。饮其一半而弃其一半。

　　桓公曰："仲父当饮一经程，而弃之何也？"

管仲曰："臣闻之,酒入口者舌出,舌出者言失,言失者弃身[2]。与其弃身,不宁弃酒乎[3]?"

桓公曰:"善。"

注释:

[1] 经程:酒器名,一经即一瓶。郝懿行云:"经程,酒器也。"

[2] 弃身:舍弃身体。

[3] 宁:宁可。

译文:

齐桓公摆下酒宴,对诸位大夫说:"来晚的,要喝掉一瓶。"

管仲来晚了,应当喝一瓶。管仲喝了一半,倒掉一半。

桓公说:"仲父,应当喝一瓶,为什么倒掉一半?"

管仲说:"我听说,酒喝进嘴里,舌头会说出话来。舌头说出来话多,言多有失,就可能招来杀身之祸。与其丢掉性命,还不如舍弃饮酒。"

桓公说:"说得好。"

解读:

这个故事讲的是,齐桓公招待诸位大夫饮酒,约定了喝酒的时间,并规定后到的人要罚酒一瓶。管仲来晚了,按照规定应当被罚酒。管仲饮了一半,把剩余的一半倒掉了。

齐桓公说,酒应该全部喝下去,为什么要倒掉呢? 管仲说,饮酒要谨慎,宁可废掉酒,也不要喝多了。因为酒喝入口中,舌头便会说出很多话,而言多必失。一旦失言,就会有危害自己生命的可能。在这种情况下,当然舍弃饮酒是更好的选择。这个故事表明管仲做事非常具有节制性。

18. 桓公使管仲治国

题解:

这则故事出自《说苑·尊贤》。

原文:

齐桓公使管仲治国,管仲对曰:"贱不能临贵[1]。"

桓公以为上卿[2],而国不治,桓公曰:"何故?"

管仲对曰:"贫不能使富。"

桓公赐之齐国市租一年^[3],而国不治,桓公曰:"何故?"

对曰:"疏不能制亲。"

桓公立以为仲父,齐国大安,而遂霸天下。孔子曰:"管仲之贤,不得此三权者,亦不能使其君南面而霸矣^[4]。"

注释:

[1] 临:统管,治理。

[2] 上卿:周朝官制,天子及诸侯皆有卿,最尊贵的官职为上卿。

[3] 市租:市场税收。

[4] 南面:古代以坐北朝南为尊位,故帝王诸侯见群臣,或卿大夫见僚属,皆面向南而坐,因用以指居帝王或诸侯、卿大夫之位。

译文:

齐桓公让管仲治理国家,管仲回答说:"地位低的人不能高踞在尊贵者之上。"

桓公就封他为上卿,可是国家却没有得到治理。桓公问:"这是什么原因呢?"

管仲回答说:"贫穷的人不能命令富有的人。"

桓公就把齐国市场上一年的税收全部赏给他,可是国家仍然没有治理好。桓公问:"这是什么原因?"

管仲回答说:"关系疏远的人不能管理关系亲近的人。"

桓公就立他为仲父。齐国因此太平安定,称霸天下。孔子说:"管仲这样的贤才,如果不得到地位、富裕、亲密三种权益,也不能使他的国君南面称霸。"

解读:

齐桓公继承齐国君主之位后,任命管仲为相。管仲对桓公说,自己地位低,不能管理地位高的人。当时,齐桓公之下,地位最高的是高子、国子,高、国两家世代为齐国的上卿,管仲虽然是齐相,但是级别没有高子、国子高。于是桓公命管仲为上卿,但是国家没有治理好,桓公感到不解,问管仲原因何在。

管仲解释说,自己家经济上贫困,话语上也没有权威性,富裕的人家不听管仲的政令。于是桓公将齐国一年的市场税收赏赐给管仲,管仲富裕了,但是国家还是没有治理好,桓公问管仲原因。

管仲解释说,自己与桓公的关系并不亲密,这样就不能很好地管理与桓公有血缘关系的官员。当时齐国很多官员是齐桓公的本家,比如前面提到的上卿高子、国子就是姜太公的后代,只不过不是嫡系子孙而已。

桓公心领神会,于是立管仲为"仲父"。这样,齐国治理走上了正途,国家安定,并且称霸天下。孔子感叹说,像管仲那样的贤人,没有地位、金钱、与桓公的亲密关系,也不能使桓公南面称霸。孔子的慨叹,充分说明了,治理国家,除了自身的政治才能之外,还需要其领导权、财权、执法权。

关立勋认为,管仲的成功,除齐桓公的支持、管仲的才干之外,还有他那正确的治国之策。这个故事中管仲提出的执政者要有"三权",即可视为治政原则。其一,"贱不能临贵",要有领导权。俗话说,名不正,言不顺,人微言轻,桓公因此封管仲为上卿。其二,"贫不能使富",要有财权。经济是基础,财政是命脉,执政者治国图强,不掌财权难以实现。其三,要有执法权,即执行法律不受王公贵戚的干扰。管仲并非贵族,之前为帮助公子纠争夺君主之位,曾射中齐桓公衣的带钩,与齐桓公有"一箭之仇",一旦严于执法,与齐桓公亲近的人就会中伤管仲,使管仲难以成事。因此,管仲向桓公提出"疏不能制亲"这个问题,齐桓公于是尊称管仲为"仲父",予以极大信任,从此,齐国上下无不遵从管仲。管仲可称名相,齐桓公可称明主,而管仲的"三权"说可以称为治国的基础。①

19. 管仲与桓公论霸

题解:

这则故事出自《说苑·尊贤》。

原文:

桓公问于管仲曰:"吾欲使爵腐于酒[1],肉腐于俎[2],得无害于霸乎[3]?"

管仲对曰:"此极非其贵者耳[4],然亦无害于霸也。"

桓公曰:"何如而害霸?"

管仲对曰:"不知贤,害霸;知而不用,害霸;用而不任,害霸;任而不信,害霸;信而复使小人参之,害霸。"

桓公:"善。"

---

① 关立勋主编《中外治政纲鉴》(上卷),人民日报出版社 1991 年版,第 1 页。

注释：

[1] 爵：古代饮酒器。

[2] 俎：切肉用的砧板。

[3] 得无：莫非，该不会。

[4] 极：远。贵：重要。

译文：

　　齐桓公问管仲："我若要酒在杯中放坏，肉在砧板上放臭，这对称霸没有妨害吧？"

　　管仲回答说："这些远不是重要的事，这样做对称霸并无妨害。"

　　齐桓公问："那么怎么样才对称霸天下有妨害呢？"

　　管仲回答说："不能识别贤人，妨害称霸。识别出来贤人却不使用，妨害称霸。使用了却不委以重任，妨害称霸。重用了而不信任他，妨害称霸。信任他却又让小人干预他，妨害称霸。"

　　齐桓公说："讲得好。"

解读：

　　齐桓公成为齐国君主之后，非常关心称霸的问题。有一次，他问管仲，若是生活奢华，会不会妨碍称霸。管仲说，这不会妨害称霸。齐桓公很好奇，就问管仲，什么样的行为才会妨害称霸。管仲说，需要在人群中识别贤人，识别出来的贤人还要任用他们，委以重任。最重要的是信任他们，不能让小人参与其政，充分发挥人才的主动性，这样才会称霸。

　　人才是国家的核心竞争力。如何识别人才、选拔人才、任用人才，这是国家长治久安的关键要素。《贞观政要·诚信篇》引用此文，说明了李世民非常赞同管仲的人才观。

20. 桓公立管仲为仲父

题解：

　　这则故事出自《说苑·善说》。

原文：

　　桓公立仲父[1]，致大夫曰："善吾者[2]，入门而右；不善吾者，入门而左。"有中门而立者[3]。

桓公问焉。对曰:"管子之知[4],可与谋天下;其强,可与取天下。君恃其信乎,内政委焉[5],外事断焉,驱民而归之,是亦可夺也。"

桓公曰:"善!"乃谓管仲:"政则卒归于子矣[6]。政之所不及,唯子是匡[7]。"管仲故筑三归之台[8],以自伤于民[9]。

注释:

[1] 桓公立仲父:指齐桓公尊管仲为仲父。

[2] 善:赞同。

[3] 中门:对着门正中。

[4] 知:同"智",智慧。

[5] 政委:付以政柄。

[6] 卒:尽,全。

[7] 匡:辅助。

[8] 筑:修筑。台:高而上平的方形建筑物,供观察眺望用。

[9] 自伤:自我伤感。

译文:

齐桓公要立管仲为仲父,召来大夫对他们说:"赞成我的,入门后站在右边,不赞成我的,入门后站在左边。"有个人对着门当中站立。

齐桓公问他这是为什么,他回答说:"管仲的智慧完全可以治理天下,他的才能之强足可以夺取天下,君主完全可以依靠他的信义,把内政委任给他,外部事务也让他决断,让百姓归服于他,这样齐国就可以获取天下的权力。"

桓公说:"说得好。"于是对管仲说:"政事就全交给您办理了。如果政事有不周的地方,就全靠您来匡正了。"管仲因此筑起三归台,以此来勉励自己忧思百姓。

解读:

齐桓公尊管仲为仲父。《荀子·仲尼》记载说,齐桓公"见管仲之能足以托也,遂立以为仲父"。杨倞《荀子》注:"仲者,夷吾之字;父者,事之如父。"后因用以称管仲。

这个故事讲的是,齐桓公任命管仲为相之后,要立管仲为仲父,召来大夫,看他们的意见。桓公说,赞成他的,入门后站在门的右边;不赞成他的,入门后站在门的左边。有个人对着门当中站立。这超出了桓公的预料,就问他为什么这样。这位大夫说,管仲的智慧和才能可以治理天下,若是君主信赖管仲,完全依靠管仲的信义,把国家政治委任给管仲,就可以称霸。齐桓公采纳了这位大夫的建议,国家管理取得了很好的效果。

这个故事说明,才能如管仲者,也需要别人在齐桓公面前的赞誉,才能在政治上发挥更大优势。

21. 桓公信赖管仲

题解:

这则故事出自《新序·杂事》。

原文:

有司请事于齐桓公[1],桓公曰:"以告仲父。"

有司又请,桓公曰:"以告仲父。"若是者三。

在侧者曰:"一则告仲父,二则告仲父,易哉为君!"

桓公曰:"吾未得仲父则难,已得仲父,曷为其不易也!"故王者劳于求人[2],佚于得贤[3]。

注释:

[1] 有司:古代设官分职,各有专司,故称。请事:请示事情。

[2] 劳:辛劳。求:寻找,寻求。

[3] 佚:安逸,安乐。贤:贤人,有德行有才能的人。

译文:

有关官员向齐桓公请示事情,桓公说:"将此事报告给仲父。"

有关官员又有人来请示,桓公还是说:"将此事报告给仲父。"这样的请示与回答一连几次。

在桓公身边侍候的人说:"一次是'报告给仲父',二次还是'报告给仲父',当国君也太容易啦!"

桓公说:"我没有得到仲父的时候,当国君觉得很难,得到仲父之后,怎么能不容易呢。"所以,当君主寻求贤才很辛苦的,得到了贤才就轻松了。

解读:

这则故事出自《新序》。

这个故事讲的是,有关部门的官员向齐桓公请示事情,齐桓公告诉他,把这件事向管仲汇报就可以了。又有相关部门的官员请示事情,齐桓公告诉官员,把事情汇报给管仲。这样的情况重复了好几次。齐桓公身边的人说,遇上事情就让他们向管仲汇报,这样做国君也太容易了吧。桓公说,没有得到管仲辅助的时候,治理国家很难,已经有管仲辅助了,治理国家就容易多了。所以,刘向在这个故事的最后说,以王道治天下的君主,在寻求贤才的过程中,会很辛苦;但是得到贤才之后,就轻松多了,因为贤能之人会承担君主治理国家中的很多事情。

这个故事说明齐桓公任用管仲为相之后,对管仲的才能非常信任,对管仲治理国家的事情也能放心,从侧面证明了管仲的治国之才。事实上,古代很多圣明的君主,也会任用贤才来治理国家。舜提拔了很多贤能的人,主管各种事务,天下太平。商汤任用伊尹,周文王任用太公,周成王任用周公、召公,天下都获得了很好的治理。

22. 齐管妾婧

题解:

这则故事出《列女传·辩通传》。

作者刘向。《列女传》记载了从上古传说时代的有虞二妃开始,直到西汉时期的女性。该书的撰写目的,是为了讽谏当时汉成帝宠信赵飞燕、赵合德姐妹而疏于朝政的情况。全书共分七卷,每卷记十五人,共计一百零五人。书中将所记妇女分为七类,分别为:母仪、贤明、仁智、贞顺、节义、辩通、孽嬖。该书也对我国古代妇女的生活风貌有所反映。《列女传》专门为女性作传,具有一定的进步意义,为后人写史书设立"妇女传"具有首创之功。

原文:

妾婧者[1],齐相管仲之妾也。

宁戚欲见桓公[2],道无从[3],乃为人仆[4],将车宿齐东门之外[5]。桓公因出,宁戚击牛角而商歌甚悲[6]。桓公异之[7],使管仲迎之。

宁戚称曰:"浩浩乎白水!"管仲不知所谓,不朝五日[8],而有忧色。

其妾婧进曰:"今君不朝五日而有忧色,敢问国家之事耶? 君之谋也[9]?"

管仲曰:"非汝所知也。"

婧曰:"妾闻之也,毋老老[10],毋贱贱,毋少少,毋弱弱。"

管仲曰:"何谓也?"

"昔者太公望年七十[11],屠牛于朝歌市[12],八十为天子师,九十而封于齐。由是观之,老可老耶? 夫伊尹[13],有㜪氏之媵臣也[14],汤立以为三公[15],天下之治太平。由是观之,贱可贱耶? 皋子生五岁而赞禹[16],由是观之,少可少也耶? 驶騠生七日而超其母[17],由是观之,弱可弱耶?"

于是管仲乃下席而谢曰[18]:"吾请语子其故。昔日公使我迎宁戚,宁戚曰:'浩浩乎白水[19]。'吾不知其所谓,是故忧之。"

其妾笑曰:"人已语君矣,君不知识耶。古有《白水》之诗,诗不云乎:'浩浩白水,儵儵之鱼[20]。君来召我,我将安居? 国家未定,从我焉如?'此宁戚之欲得仕国家也[21]。"

管仲大悦,以报桓公。桓公乃修官府[22],斋戒五日[23],见宁子[24],因以为相[25],齐国以治。

注释:

[1] 婧:管仲妾名。

[2] 宁戚:卫国人,本来是喂牛拉车的人,后来成为齐国的卿大夫。

[3] 道:途径。

[4] 仆:驾车的人。

[5] 将车:驾驭车辆。

[6] 商歌:悲凉的歌。商声凄凉悲切,故称。

[7] 异之:认为他不寻常。

[8] 朝:上朝。

[9] 谋:思考,谋划。

[10] 毋:不要。

[11] 太公望:周代初年人,姜姓,吕氏,名尚,为齐国始祖。

[12] 朝歌:商代都城。市:市场,集市。

[13] 夫:发语词,无义。伊尹:商汤之臣,名挚,是汤妻陪嫁的奴隶,后来佐汤攻灭夏桀,被尊为阿衡,即宰相。

[14] 有㜪氏:古国名。媵臣:随嫁的奴仆。

[15] 三公:指辅佐国君掌握国政的高官。

[16] 皋子:指皋陶,古代东夷族首领。后辅佐禹被选为禹的继承人,因早逝而未

继位。赞:辅助。

[17] 騄駬:古书上说的一种骏马。

[18] 下席:离开席位,表示恭敬。谢:道歉。

[19] 白水:水名。

[20] 儵:黑色。

[21] 仕:做官,任职。

[22] 修:整治。

[23] 斋戒:古人在举行重大典礼前,沐浴更衣,以示崇敬虔诚。

[24] 子:古代对男子的尊称。

[25] 相:辅佐,辅助。

译文:

妾婧是齐相管仲的妾。

宁戚想要见齐桓公,没什么途径,就做别人的仆从。他赶着大车,停在齐国东门的外面,桓公正好从城内出来,宁戚敲着牛角唱歌,歌声非常悲凉。桓公觉得宁戚才能不一般,就让管仲去迎接他。

宁戚说:"浩浩荡荡的白水!"

管仲不知道是什么意思,五天都没有上朝,而有忧愁之色。

妾婧就问他:"至今您已经五天没有上朝了,而且面带忧色,敢问是为国家大事呢?还是您自己在谋划什么事情呢?"

管仲说:"这不是你所能知道的。"

妾婧说:"我听说,不要以轻视老人年老、贱人低贱、小孩年少、弱者瘦弱。"

管仲问:"这是什么意思?"

妾婧答道:"从前太公望七十岁的时候,在朝歌集市上宰牛,八十岁的时候成为天子的老师,九十岁的时候封于齐国做诸侯。由此看来,可以因为老人年老而轻视他吗?伊尹本来是有莘氏陪嫁的奴仆,后来汤让他位居三公,使得天下大治,社会太平。由此可见,可以因为贱人地位低下就轻视吗?皋子五岁时就能辅佐大禹。由此可见,可以因为小孩年少就轻视他吗?騄駬生下来七天就比它的母亲跑得快。由此可见,可以因为弱者弱小就轻视他吗?"

管仲听后,起身向妾婧道歉道:"请让我把这件事情的原委告诉你。前几天,国君让我迎请宁戚,宁戚说:'浩浩荡荡的白水!'我不知道说的是什么意思,因此忧虑。"

妾婧微笑着说:"人家已经告诉您了,您怎么不懂呢?从前有一首《白水》诗,诗不是这样说的吗:'浩浩荡荡的水,游来游去的鱼。君主召请我,我将在哪里居住?国家尚未安定,跟我到哪里去?'这是宁戚想要到朝廷中做官啊。"

管仲听后十分高兴,就将此事上奏给桓公。桓公于是修筑官府,斋戒了五天,然后才召见宁戚,任命他为辅佐大臣,齐国因此而大治。①

解读:

这则故事讲的是,管仲的侍妾婧尽管地位低微,却是一位颇有见识的聪明女性。她从管仲的忧色中发现了管仲的心事,然后用一连串的故事和比喻打动管仲,终于启发管仲领悟了不拘一格、重视人才的道理。以管仲的聪明智慧,有时候在思考问题的时候,也需要别人在一旁点拨,说明人的见识和视野都有一定的盲点,就是很厉害的人,也需要别人的帮助。

23. 管鲍之交

题解:

这则故事出自《史记·管晏列传》。

原文:

管仲夷吾者,颍上人也[1]。少时常与鲍叔牙游[2],鲍叔知其贤[3]。管仲贫困,常欺鲍叔[4],鲍叔终善遇之,不以为言[5]。已而鲍叔事齐公子小白[6],管仲事公子纠。

及小白立[7],为桓公,公子纠死,管仲囚焉。鲍叔遂进管仲[8]。管仲既用,任政于齐,齐桓公以霸[9],九合诸侯[10],一匡天下[11],管仲之谋也[12]。

管仲曰:"吾始困时,尝与鲍叔贾[13],分财利多自与,鲍叔不以我为贪,知我贫也。吾尝为鲍叔谋事而更穷困[14],鲍叔不以我为愚,知时有利不利也。吾尝三仕三见逐于君[15],鲍叔不以我为不肖[16],知我不遭时也[17]。吾尝三战三走[18],鲍叔不以我为怯,知我有老母也。公子纠败,召忽死之[19],吾幽囚受辱,鲍叔不以我为无耻,知我不羞小节而耻功名不显于天下也[20]。生我者父母,知我者鲍子也。"

鲍叔既进管仲,以身下之。子孙世禄于齐[21],有封邑者十余世,常为名大

---

① 绿净《古列女传译注》,上海三联书店 2018 年第 2 版,第 244~246 页。

夫。天下不多管仲之贤而多鲍叔能知人也[22]。

注释:

[1] 颍上:县名,今属安徽。

[2] 游:交游,来往。

[3] 贤:有德行,多才能。

[4] 欺:这里意为占便宜。

[5] 言:怨言。

[6] 事:侍奉,做事。小白:即后来的齐桓公,名小白。

[7] 及:等到。

[8] 进:保举,推荐。

[9] 霸:称霸。

[10] 九合:多次会盟诸侯。

[11] 匡:匡扶,平定。

[12] 谋:谋略,谋划。

[13] 尝:曾经。 贾:经商。

[14] 困:困顿。

[15] 仕:做官。见:被。

[16] 不肖:没有才能。

[17] 遭:遇,逢。

[18] 走:逃跑。

[19] 召忽:与管仲同事公子纠,公子纠败,召忽自杀。死之:为公子纠而死。

[20] 羞:以为羞。耻:以为耻。

[21] 世禄:世代享受俸禄。

[22] 多:推重,赞美。

译文:

　　管仲,字夷吾,是颍上人。管仲年少时与鲍叔牙交往,鲍叔牙知道他很有才能。管仲家庭贫困,常常在财物上占鲍叔牙的便宜。鲍叔牙始终能很好地对待管仲,不因为这些事情而有怨言。后来,鲍叔牙侍奉齐国公子小白,管仲侍奉公子纠。

　　等到小白继位,成为齐桓公时,公子纠被杀,管仲也被囚禁起来。鲍叔牙向齐桓公推荐管仲为相。齐桓公任用管仲,让他执掌齐国国政。齐桓公因管仲的辅助而称霸，九次会合天下诸侯，匡扶天下正道，都是管仲计谋的结果。

　　管仲说："当初，我贫穷时，曾与鲍叔牙一起做买卖，分财利时，我常常多拿一份，鲍叔牙不以此认为我贪婪，他知道我家贫。我曾经为鲍叔牙谋划事情，却使他更窘迫，鲍叔牙不认为我这个人愚蠢，他知道时机有时有利，有时不利。我曾经几次做官，却被国君罢免，鲍叔牙不以此认为我无能，因为他知道我没碰到好时机。我曾几次上战场打仗，每次打仗都逃走，鲍叔牙不因此以为我这个人胆小，因为他知道我家有老母需要赡养。公子纠与小白争位失败，召忽自杀，我被囚禁起来，忍受侮辱，鲍叔牙不因此认为我不知羞耻，他知道我不以小事为耻，而是以功名不显扬于天下为耻。生我的是父母，而真正了解我的是鲍叔牙。"

　　鲍叔牙推荐管仲后，他的职位在管仲之下。鲍叔牙的子孙世代都在齐国享受俸禄，其中有封邑的有十多代。在子孙中，有许多人都成为有名的大夫。天下之人不称道管仲之才能，而常常称道鲍叔牙有知人之明。

解读：

　　故事讲的是，管仲青年时，家境贫困。曾经与鲍叔牙一起做过买卖。赚了钱，管仲总是把大头留给自己，而分给鲍叔牙的是少部分。人们对此颇有微词，认为管仲贪财，不讲情谊。而鲍叔牙反替管仲辩解，说管仲不是不讲信义，只是由于他家贫还要供养老母，多分给他钱是自己心甘情愿的；管仲多次想报偿鲍叔牙，为他出力办事，可是也没办成一件，不仅没能办成，反而给鲍叔牙招来更多的麻烦，人们都认为管仲没有办事能力，而鲍叔牙却不这样看，他说管仲不是没有办事能力，而只是客观条件不具备。管仲多次参加战斗，每次都从战场上逃跑回来了，因此人们讥笑他贪生怕死，鲍叔牙又替他辩解，说管仲不是怕死，是家里上有老母亲，他不能不担起这份责任，所以他必须顾及自己的生命。鲍叔牙非常体谅管仲，因此，管仲感慨地说："生我者父母，知我者鲍子也。"

　　汉桓宽说："管子得行其道，鲍叔之力也。"管鲍式的交谊成为千古绝唱。"生我者父母，知我者鲍子也"，这句出自肺腑的心声，是对人间友情的最高礼赞。

六 综合类故事

管仲一生发生了很多故事，有些故事内涵比较丰富，很难归为某一类主题，因此把这一类故事列为"综合类"。

1. 鲍叔牙荐管仲为相

题解：

这则故事出自《国语·齐语》。

原文：

桓公自莒反于齐[1]，使鲍叔为宰[2]。

辞曰[3]："臣，君之庸臣也。君加惠于臣，使不冻馁[4]，则是君之赐也。若必治国家者，则非臣之所能也。若必治国家者，则其管夷吾乎[5]。臣之所不若夷吾者五：宽惠柔民[6]，弗若也；治国家不失其柄[7]，弗若也；忠信可结于百姓[8]，弗若也；制礼义可法于四方[9]，弗若也；执枹鼓立于军门[10]，使百姓皆加勇焉，弗若也。"

桓公曰："夫管夷吾射寡人中钩[11]，是以滨于死[12]。"

鲍叔对曰："夫为其君动也[13]。君若宥而反之[14]，夫犹是也[15]。"

桓公曰："若何[16]？"

鲍子对曰："请诸鲁[17]。"

注释：

[1] 莒：莒国，在今山东省。反：同"返"，返回。

[2] 宰：卿相。

[3] 辞：谢绝。

[4] 冻馁：冻饿。

[5] 其：表示测度的语气词。

[6] 柔：安抚。

[7] 柄：本，根本。指治国的准则。

[8] 结：交结。

[9] 法：效法、遵循。

[10] 枹：鼓槌。战阵之间，击鼓以振作士气。

[11] 钩：衣带上的钩。

[12] 滨：迫近，这个意思又写作"濒"。

[13] 夫:那人,指管仲。其君:指公子纠。

[14] 宥:宽恕。反:即"返",让管仲返回齐国。

[15] 夫犹是:他也会像这样。是:指代"为其君动",这里指为桓公行动。

[16] 若何:怎么办,意思是怎样能让管仲回来。

[17] 请诸鲁:向鲁国请求。诸:之于。

译文:

　　齐桓公从莒国回到齐国,让齐国大夫鲍叔牙做相。

　　鲍叔推辞道:"臣,是君主的平庸的臣子。君主赐给我恩惠,使我不受冻挨饿,这是君主的恩赐。如果真要我治理国家,那不是我的才能所能达到的。真要治好国家,那就需要管夷吾了。臣比不上管夷吾的有五点:宽惠恩慈、关怀百姓,我不如他;治理国家,保证不失根本,我不如他;忠诚、信实,结交百姓,我不如他;制订礼仪制度,使四方国家效法,我不如他;手握鼓槌立于军门,指挥战斗,使百姓更加勇敢向前,我不如他。"

　　齐桓公说:"那个管夷吾曾用弓箭射我中我袍子上的钩带,我几乎送了命。"

　　鲍叔说:"那是为他辅助的公子纠而采取的行动。国君您若是赦免他的罪过,让他返回齐国,他也会像忠于公子纠一样忠于您。"

　　齐桓公说:"怎么能使管仲回来呢?"

　　鲍叔答道:"从鲁国请回他来。"

解读:

　　该篇讲述鲍叔牙在协助齐桓公登上诸侯的位子之后,竭力推荐管仲执政的故事。根据《史记》记载,管仲、鲍叔牙两人在年轻的时候,一起做过生意,一起上过战场。做生意的时候,管仲会多分给自己一份;在战场上,管仲还几次都逃跑了。鲍叔牙很理解管仲,认为管仲多分钱,不是贪财,而是因为家里更穷一些;作战的时候,管仲逃跑,不是胆小,而是因为家里有老母亲需要奉养。管仲很感动,曾经慨叹说:"生我的是父母,知我的是鲍叔牙啊。"

　　这则故事的背景是,齐襄公在位时,国内混乱,管仲辅佐公子纠逃到鲁国,鲍叔辅佐公子小白逃到莒国,莒国在今山东省南部地区。后来齐襄公因为荒淫无度,被堂兄弟公孙无知所杀,无知自立为君。不久公孙无知因为暴虐,也被齐人所杀,公子小白和公子纠争做齐君。管仲为辅佐公子纠,带兵截击小白,射中小白的带钩。小白机智地麻痹了管仲,抢先回到齐国继承诸侯之位,这就是齐桓公。齐桓公继位之后,逼迫鲁庄公杀掉公子纠,交出管仲。

　　此节所述故事,就是在上述背景下展开的。文章记述了齐桓公即位以后,深知管仲之才的鲍叔牙向齐桓公推荐管仲,赞扬了鲍叔牙举贤荐能、甘居人下的高风亮节,也表达了齐桓公重视人才、不计前嫌的博大胸怀。

　　是鲍叔牙的推荐,才使管仲有机会发挥自己的政治才能,辅助齐桓公,"九合诸侯,一匡天下",称霸天下,取得巨大功业。

　　鲍叔牙与管仲的友谊,超越了诸多因素,成为友情的典范,人们在称赞这种友谊的时候,常常用"管鲍之交"来表示。

2. 鲍叔牙荐管仲为桓公相

题解:

　　这则故事出自《管子·小匡》。

原文:

　　桓公自莒反于齐[1],使鲍叔牙为宰[2]。

　　鲍叔辞曰[3]:"臣,君之庸臣也[4]。君有加惠于其臣[5],使臣不冻饥,则是君之赐也[6]。若必治国家,则非臣之所能也,其唯管夷吾乎[7]。臣之所不如管夷吾者五:宽惠爱民,臣不如也;治国不失秉[8],臣不如也;忠信可结于诸侯,臣不如也;制礼义可法于四方[9],臣不如也;介胄执枹[10],立于军门,使百姓皆加勇[11],臣不如也。夫管仲,民之父母也,将欲治其子,不可弃其父母。"

　　公曰:"管夷吾亲射寡人,中钩,殆于死[12],今乃用之,可乎?"

　　鲍叔曰:"彼为其君动也,君若宥而反之[13],其为君亦犹是也[14]。"

　　公曰:"然则为之奈何?"

　　鲍叔曰:"君使人请之鲁。"

　　公曰:"施伯,鲁之谋臣也。彼知吾将用之,必不吾予也[15]。"

　　鲍叔曰:"君诏使者曰[16]:'寡君有不令之臣在君之国[17],愿请之以戮群臣。'鲁君必诺。且施伯之知夷吾之才,必将致鲁之政。夷吾受之,则鲁能弱齐矣[18]。夷吾不受,彼知其将反于齐,必杀之。"

　　公曰:"然则夷吾受乎?"

　　鲍叔曰:"不受也。夷吾事君无二心。"

　　公曰:"其于寡人犹如是乎?"

对曰："非为君也，为先君与社稷之故[19]。君若欲定宗庙，则亟请之[20]，不然，无及也[21]。"

注释：

[1] 反：通"返"，返回。

[2] 宰：主宰官。

[3] 辞：推辞；辞谢。

[4] 庸：平庸。

[5] 惠：恩惠。

[6] 赐：恩赐。

[7] 其：大概、或许。

[8] 秉：柄，指政权。

[9] 法：效法。

[10] 介胄：披挂盔甲。枹：鼓槌。

[11] 加：增加。

[12] 殆：几乎。

[13] 宥：宽恕。反：同"返"。

[14] 犹是：如此。

[15] 予：给。

[16] 诏：告诉。

[17] 令：好。

[18] 弱：削弱。

[19] 故：缘故。

[20] 亟：急。

[21] 无及：来不及。

译文：

齐桓公从莒回到齐国掌权，任命鲍叔牙为相。

鲍叔辞谢说："我是您的庸臣。国君要加惠于我，使我免于饥寒，就是您的恩赐了。至于治理国家，则非我所能胜任，那只有管夷吾才行。我有五个方面不如管夷吾：宽惠爱民，我不如他；治国不失权柄，我不如他；以忠信结交诸侯，我不如他；制定礼仪示范于四方，我不如他；披甲击鼓，立于军门，使百姓人人英勇，我不如他。管仲，好比人民的父母。想要管理子女，就不可不用他们父母。"

　　桓公说:"管夷吾亲手射我,射中带钩,使我差点丧命,现在能用他吗?"

　　鲍叔说:"他也是为了自己的君主而这样做的。您只要赦免他的罪,让他回国,他将会同样为您效劳。"

　　桓公说:"那么应该怎么办呢?"

　　鲍叔说:"您可派人到鲁国去请他。"

　　桓公说:"施伯是鲁国的谋臣。他知道我将任用管仲,一定不肯放人给我。"

　　鲍叔说:"您叫使者这样说:'我有一个不忠之臣在贵国,想要引渡回来在群臣面前把他处死。'鲁君定会答应。不过,施伯知道夷吾的才干,一定设法让管仲在鲁国掌权。管仲如果接受,鲁国就能削弱齐国。管仲如果不接受,施伯就会知道管仲想回齐国,一定会杀死他。"

　　桓公说:"那么管仲会接受吗?"

　　鲍叔说:"不会接受。管仲对齐君没有二心。"

　　桓公说:"他对我也能这样吗?"

　　鲍叔回答说:"不是为了您,而是为了先君和国家的缘故。您若想安定国家,就赶快去要回他,不然就来不及了。"

解读:

　　该节鲍叔对管仲的评价最为精彩,确实能打动齐桓公的爱才之心。管仲是一个通才,无论治国、爱民,还是外交、礼仪、治兵,都远超常人。不仅如此,管仲还明大义,识大体,以社稷为重,对齐国忠心耿耿。只有这样的贤臣,才会使桓公忘却射钩之恨,委以重任。①

　　在春秋战国时期,当时天下国家都属于周天子的疆域范畴,"普天之下莫非王土,率土之滨莫非王臣",就是这个意思。春秋战国时期,有些士人,若是不能得志于本国,就会到其他诸侯国家去谋求发展,伍子胥、商鞅是典型的代表。但是管仲能够不受鲁政,一心想为齐国做事。

　　管仲的心事,只有鲍叔牙能够知道,鲍叔牙说:"非为君也,为社稷也。"管仲是忠于齐国的政治家,是负责任的政治家,是能立法的政治家,是善于外交的政治家,是能使齐国强盛的政治家。鲍叔牙的寥寥数语,管子的人格全部展现,鲍叔牙确实是管仲的知音。

　　梁启超认为,管仲、鲍叔牙、召忽,是齐国的三杰,他们都很热爱齐国。管仲

---

① 郭浩《管子品读》,山东大学出版社2016年版,第153页。

之能定社稷、霸诸侯,管仲自信能够做到,鲍叔相信管仲能做到,召忽也相信管仲能做到。由此可见,伟大人物的综合素质是能够呈现出来的,他的朋友相信他的才能,也是因为他才能能够使朋友相信他。①

3. 管仲鲍叔牙谋划将来

题解:

这则故事出自《管子·大匡》。

原文:

齐僖公生公子诸儿、公子纠、公子小白[1]。使鲍叔傅小白[2],鲍叔辞,称疾不出。

管仲与召忽往见之[3],曰:"何故不出?"

鲍叔曰:"先人有言曰:'知子莫若父,知臣莫若君。'今君知臣不肖也,是以使贱臣傅小白也[4]。贱臣知弃矣[5]"。

召忽曰:"子固辞无出[6],吾权任子以死亡[7],必免子。"

鲍叔曰:"子如是,何不免之有乎?"

管仲曰:"不可。持社稷宗庙者[8],不让事[9],不广闲[10]。将有国者,未可知也。子其出乎。"

召忽曰:"不可。吾三人者之于齐国也,譬之犹鼎之有足也,去一焉则必不立矣。吾观小白必不为后矣。"

管仲曰:"不然也。夫国人憎恶纠之母,以及纠之身,而怜小白之无母也。诸儿长而贱[11],事未可知也[12]。夫所以定齐国者,非此二公子者,将无已也。小白之为人,无小智[13],惕而有大虑[14]。非夷吾莫容小白[15]。天下不幸降祸加殃于齐,纠虽得立,事将不济[16]。非子定社稷,其将谁也?"

召忽曰:"百岁之后,吾君卜世[17],犯吾君命而废吾所立[18],夺吾纠也,虽得天下,吾不生也[19],兄与我齐国之政也[20]。受君令而不改,奉所立而不济[21],是吾义也[22]。"

管仲曰:"夷吾之为君臣也,将承君命,奉社稷以持宗庙[23],岂死一纠哉?夷

---

① 梁启超《梁启超论诸子百家》,商务印书馆 2012 年版,第 44 页。

吾之所死者,社稷破,宗庙灭,祭祀绝,则夷吾死之。非此三者,则夷吾生。夷吾生则齐国利,夷吾死则齐国不利。"

鲍叔曰:"然则奈何?"

管子曰:"子出奉令则可[24]。"

鲍叔许诺。乃出奉令,遂傅小白[25]。

注释:

[1] 齐僖公:也作齐釐公,名禄甫,庄公之子,公元前730年至公元前698年在位。公子诸儿:齐襄公,齐僖公之后继位。公子纠:齐僖公次子。公子小白:齐僖公第三子,即后来的齐桓公。

[2] 鲍叔:鲍叔牙,齐大夫。傅:师傅,指负辅佐责任的官或负责教导的人。

[3] 召忽:齐大夫。

[4] 贱臣:鲍叔自称。

[5] 知弃:知道国君不想重用。

[6] 固:坚决。

[7] 权:暂且。

[8] 持:主持。

[9] 让:辞让,推辞。

[10] 广闲:空闲。广:通"旷",空。

[11] 长而贱:虽居长位但人品低贱。

[12] 事:指继承之事。

[13] 小智:小聪明。

[14] 惕:急。大虑:远虑。

[15] 容:容纳,理解。

[16] 济:成。

[17] 吾君:指齐僖公。卜世:下世,据俞樾说。

[18] 犯:违背。

[19] 不生:不再活着,即为公子纠而死。

[20] 兄:古"况"字,况且。与:参与。

[21] 奉:尊奉。济:灭,废。

[22] 义:义不容辞。

[23] 奉:事奉。持:主持。

[24] 奉令：接受任命。

[25] 遂：于是就。

译文：

　　齐僖公生有公子诸儿、纠和小白。齐僖公委派鲍叔辅佐小白，鲍叔牙不愿干，称病不出。

　　管仲和召忽去看望鲍叔，说："为什么不出来干事呢？"

　　鲍叔说："先人讲过：'知子莫若父，知臣莫若君。'现在国君知道我不行，所以派我辅佐小白，我自己清楚应该辞职。"

　　召忽说："你要是坚决不干，就不要出来，我暂且说你病得快死，这样为你担保，一定可以免掉你的差事。"

　　鲍叔说："你能这样做，怎么不会免掉我呢。"

　　管仲说："不行。主持国家大事的人，不应该推辞职事，不应该贪求空闲。将来真正掌握政权的，还不知道是谁。你还是出来干吧。"

　　召忽说："不行。我们三人对齐国来说，好比鼎的三足，去掉一足就立不起来。我看小白一定当不上君位继承人了。"

　　管仲说："不对。人们因为厌恶公子纠的母亲，连累到公子纠，看不起他本人。人们同情公子小白没有母亲。公子诸儿虽然居长却卑贱，前途如何还不一定。看来安定齐国的，除了纠与小白两公子，将无人承担。小白的为人，没有小聪明，性急但有远虑。不是我管夷吾，没有人会容纳小白。如果不幸上天降灾祸给齐国，公子纠虽然得立为国君，也做不成什么事。要不是你，还有谁能出来安定国家呢？"

　　召忽说："国君百岁以后去世，如果有人违背君命废弃我们所立的，夺去公子纠的君位，就是得了天下，我也不愿再活下去。何况参与了我们齐国的政务，接受君令坚持不改，侍奉新君不使废除，这是我义不容辞的。"

　　管仲说："我作为人君的臣子，是要接受君命，敬奉社稷、主持宗庙的，岂能为公子纠个人而死？我要为之牺牲的，只有国家破，宗庙灭，祭祀绝，那我就去死。不是这三种情况，我就要活。我活着对齐国有利，死了则对齐国不利。"

　　鲍叔说："那么我应该怎么办？"

　　管仲说："你接受任命就是了。"

　　鲍叔答应，便出来接受任命，辅佐小白。

解读：

　　该篇内容出自《管子》的《大匡》篇。《管子》有《大匡》《中匡》《小匡》三篇，学者称之为"三匡",内容都是记述管仲辅助齐桓公九合诸侯,一匡天下,成就霸业的史实与言论。

从这段记述可以看出,管仲具有极为敏锐的政治洞察力。对于当时齐国未来政权的交替,尤其对公子小白的看法,管仲的认识远在鲍叔、召忽之上。对公子诸儿、公子纠、公子小白三个齐僖公的儿子,谁能继承君位,管仲、鲍叔牙、召忽的看法并不相同。管仲认为"将有国者未可知也",他对召忽的"观小白必不为后矣"的观点并不赞同,对小白继承君位的可能性,从小白的自身条件与客观方面进行全面分析。管仲分析说,小白非常聪明,不拘小节,富有远见,深谋远虑,很有可能做国君。

当鲍叔认为"傅小白"是自己不被重用,称疾不出时,管仲鼓励鲍叔不能放弃机会,而应该积极进取,为齐国效力。管仲具有坚忍不拔的进取精神,主张无论遇到什么挫折与险阻,都应奋发图强。

在管仲相齐之前,管、鲍、召三人均在朝中辅佐公子,有着较高的政治地位。他们之间相互信任,互相勉励,彼此支持。将来无论是公子纠还是公子小白立为国君,他们都有辅佐君主展宏图的机会。他们在齐乱之前,早有远谋与巧妙之安排。很多学者赞美鲍叔牙,荐贤自代推荐管仲为相,殊不知在桓公立嗣之前二人早有约定。看《大匡》中桓公践位后问鲍叔"将何以定社稷",鲍叔荐管仲、召忽,并"告公其故图"可知晓。

时势造英雄。管子的丰功伟业,虽成于相桓公以后,而实开始于傅公子纠的时候。《大匡》记载的这件事情,实际上是管子初入政界的开始。管仲、鲍叔牙,后来彼此提携,最终使齐国称霸天下,而这个时候,他们先分别给不同的公子做老师。梁启超说:"齐之必将有内乱,三子者皆知之;内乱必起于诸公子,三子者皆知之。至其以至锐之眼光,至敏之手腕,能先事以解决此问题,则非绝大政治家不能也。此管子所以贤于鲍、召也。"[1]

4. 管仲劝勉桓公图霸

题解:

这则故事出自《管子·大匡》。

---

[1] 梁启超《梁启超传记菁华》,东方出版社 2015 年版,第 14 页。

原文：

桓公二年，践位召管仲[1]，管仲至，公问曰："社稷可定乎[2]？"

管仲对曰："君霸王[3]，社稷定。君不霸王，社稷不定。"

公曰："吾不敢至于此其大也，定社稷而已。"

管仲又请，君曰："不能。"

管仲辞于君曰："君免臣于死，臣之幸也。然臣之不死纠也[4]，为欲定社稷也。社稷不定，臣禄齐国之政而不死纠也[5]，臣不敢。"

乃走出，至门，公召管仲。

管仲反[6]，公汗出曰："勿已，其勉霸乎[7]。"

管仲再拜稽首而起[8]，曰："今日君成霸，臣贪承命[9]。"

趋立于相位[10]，乃令五官行事[11]。

注释：

[1] 践位：指桓公继承君位。

[2] 社稷：国家。定：安定。

[3] 霸王：建立霸业、王业。

[4] 死纠：为公子纠而死。

[5] 禄齐国之政：掌握齐国的政权。禄：通"录"，领有。

[6] 反：通"返"，返回。

[7] 勉：勉力。

[8] 再拜：拜了两次。稽首：磕头，以首触地。

[9] 承：接受。命：任命。

[10] 趋：古代的一种礼节，以碎步疾行表示敬意。

[11] 五官：指各个官府。行事：办理政事。

译文：

桓公继位的第二年，召见管仲。

管仲到后，桓公问道："国家能够安定吗？"

管仲回答说："您能建立霸业，国家就能安定，建立不了霸业，国家就不能安定。"

桓公说："我不敢有那么大的雄心，只要国家安定就行了。"

管仲再请，桓公还是说："不能。"

管仲便向桓公告辞，说："您免我死罪，是我的幸运。但我之所以不死于公子纠，是为了要把国家真正安定下来。国家不真正安定，要我执国政而不为公子纠死节，我是不敢接受的。"

于是走出。到大门时，桓公又召管仲回来。管仲回来后，桓公流着汗说："你一定要坚持建立霸业，那就我就勉力图霸吧。"

管仲伏地叩拜而起说："今天您同意争取霸业，我就遵命坐上相位了。"于是，立即就了相位，发布命令，各方面的官员开始办理政事。

解读：

平王东迁后，周天子的地位衰弱，诸侯坐大，礼乐征伐自诸侯出。大国欺凌小国，楚国不断北侵，华夏诸国不堪其扰。齐国本来就是大国，齐桓公即位后，在管仲辅助下，国力增强。管仲于是劝谏桓公图谋霸业，这次谏议就是其中的一次。在管仲的敦促、勉励下，齐桓公接受了管仲建议，为了成就霸业，进行经济、内政、军事方面的改革，九次联合诸侯，打击了楚的北进锋芒，最终成为春秋霸主。

在内政方面，管子实行的改革，一是按田而税，按照土地的品质优劣分为三等，按照土地的肥瘠征税。二是寓兵于农，农闲时进行军事训练，其他时间务农。三是使士农工商不得杂居，职业世代相传，保证国家的社会生产。对外打出"尊王攘夷"的旗号，提高桓公在诸侯中的威望。孔子称赞管仲相桓公，九合诸侯，一匡天下，老百姓得到恩惠。

齐桓公取得这么大的功业，与管仲的鼓励有很大关系。桓公继位的第二年（前684），向管仲请教国家如何安定的问题。管仲的眼界、思维超乎常人，他告诉齐桓公，要是建立了霸业，国家就能安定，若是建立不了霸业，国家就不会安定。管仲的意思，就是只有建立了霸业，才能谈得上国家的安定。

可是齐桓公刚刚成为国君，还没有想那么远，只想维持国家安定的局面，就觉得很不错了。管仲告诉桓公，公子纠在鲁国被杀，召忽自杀殉主，管仲没有为公子纠死节的原因，就是为了使齐国成为王霸之国，要不然就不做这个相了。说完，走了。管仲走到宫门的时候，齐桓公终于明白，若是自己想不图霸，管仲就不辅佐他了。

齐桓公觉得目标太大，压力也很大，他流着汗，对管仲说，既然管仲想要使齐国成为王霸之国，那自己也努力朝这个方向和管仲一起做吧。管仲看齐桓公答应了自己想要实现的政治目标，就发布政令，让各种机构的官员开始做事。从这个故事看出，要想成就一番事业，需要有远大的理想和目标。

5. 鲍叔牙劝桓公听管仲言

题解：

这则故事出自《管子·大匡》。

原文：

明年，公怒告管仲曰[1]："欲伐宋。"

管仲曰："不可。臣闻内政不修[2]，外举事不济[3]。"

公不听，果伐宋。诸侯兴兵而救宋，大败齐师。

公怒，归告管仲曰："请修革[4]。吾士不练[5]，吾兵不实[6]，诸侯故敢救吾仇，内修兵。"

管仲曰："不可，齐国危矣。内夺民用，士劝于勇外[7]，乱之本也。外犯诸侯，民多怨也。为义之士[8]，不入齐国，安得无危[9]？"

鲍叔曰："公必用夷吾之言。"

注释：

[1] 怒：生气。

[2] 修：治理。

[3] 济：成功，成就。

[4] 革：兵车。

[5] 练：训练。

[6] 实：充实。

[7] 劝：鼓励。

[8] 义：正义。

[9] 安得：怎么能。

译文：

过了一年，桓公生气地告诉管仲说："我要讨伐宋国。"

管仲说："不行。我听说内政不修好，对外用兵就不会成功。"

桓公不听，还是出兵伐宋。各国诸侯都起兵救宋，大败齐军。

桓公发怒，回来对管仲说："请你加强军备。我们的战士没有训练，兵力不足，所以诸侯敢来救我们的敌国。一定要加强军备！"

管仲说："不行，这样齐国就危险了。对内侵占人民的财产，鼓励士兵去打仗，这是乱国的根源。对外侵犯诸侯，人民多怨。明白大义的人士不肯到齐国来，国家还能没有危险？"

鲍叔说："您一定要采纳管仲的意见。"

解读：

齐桓公继位后，一直想通过兴兵服众来实现霸业。

根据《管子》的记载，一次，齐桓公与宋夫人船游，夫人荡船吓着了齐桓公，齐桓公生气把她赶回宋国。不久，宋国君又将她转而嫁蔡侯。齐桓公三年（前683）以这件事为借口要伐宋，管仲阻止他，齐桓公不听。齐桓公举兵伐宋，各诸侯国举兵来救宋国，结果齐师大败。齐桓公很生气，认为是自己兵力太弱才遭诸侯的联合攻击，更下了要大修军备的决心。

管仲劝齐桓公放弃内修兵革的打算。管仲针对桓公的内修兵革的想法，透彻地分析了大兴兵革的危害：对内劳民伤财，将士以勇为荣乃是祸乱的根源；对外触犯诸侯，仁义之士也会不肯来齐，这两点必然导致齐国于不利，鲍叔牙也附议管仲。

可见管仲在刚开始做齐桓公相的时候，与桓公的默契程度还不是很深，鲍叔牙则在关键的时候能支持管仲。

6. 管仲初次与桓公论政

题解：

这则故事出自《管子·小匡》。

原文：

至于堂阜之上[1]，鲍叔祓而浴之三[2]。

桓公亲迎之郊[3]。管仲诎缨插衽[4]，使人操斧而立其后。

公辞斧三，然后退之。

公曰："垂缨下衽，寡人将见。"

管仲再拜稽首曰[5]："应公之赐[6]，杀之黄泉，死且不朽[7]。"

公遂与归[8]，礼之于庙[9]，三酌而问为政焉[10]。

曰："昔先君襄公，高台广池，湛乐饮酒[11]，田猎毕弋[12]，不听国政。卑圣侮士^[13]，唯女是崇^[14]。九妃六嫔，陈妾数千^[15]。食必粱肉^[16]，衣必文绣^[17]，而戎士冻饥^[18]。戎马待游车之弊^[19]，戎士待陈妾之余。倡优侏儒在前^[20]，而贤大夫在后。是以国家不日益，不月长，吾恐宗庙之不扫除^[21]，社稷之不血食^[22]。敢问为之奈何？"

管子对曰："昔吾先王周昭王、穆王，世法文、武之远迹，以成其名。合群国，比校民之有道者^[23]，设象以为民纪^[24]，式美以相应^[25]，比缀以书，原本穷末^[26]，劝之以庆赏^[27]，纠之以刑罚，粪除其颠旄^[28]，赐予以镇抚之^[29]，以为民终始^[30]。"

公曰："为之奈何？"

管子对曰："昔者，圣王之治其民也，参其国而伍其鄙^[31]，定民之居，成民之事，以为民纪^[32]，谨用其六秉^[33]，如是而民情可得，而百姓可御^[34]。"

注释：

[1] 堂阜：齐地名，在今山东蒙阴县西北。

[2] 祓：古代除凶灾的仪式。浴之：让管仲沐浴。

[3] 之：至。

[4] 诎缨插衽：卷起帽缨，挽起衣襟，表示将要受戮。诎：同"屈"，卷起。插：挽起衣襟，插入衣带。

[5] 再拜：拜了两次。稽首：磕头，以头触地。

[6] 应：承受。

[7] 且：将。

[8] 遂：于是。归：与之归。

[9] 礼：以礼相见。

[10] 酌：斟酒。

[11] 湛：通"耽"，沉溺。

[12] 毕：捕鸟兽的网，小而柄长。弋：以绳系箭射取猎物。

[13] 卑：鄙视。侮：侮辱。

[14] 崇：宠信。

[15] 陈：列。

[16] 粱：精米。

[17] 文：文采。

[18] 戎士：战士。

[19] 弊:败坏。

[20] 倡优:歌妓艺人。侏儒:供娱乐的矮人。

[21] 不扫除:无人打扫。

[22] 不血食:无人祭祀。

[23] 比校:考察选择。

[24] 象:榜样,典型。纪:纲纪,标准。

[25] 式:同"试",行。

[26] 原:考求。穷:追究。

[27] 劝:鼓励。

[28] 颠:头顶。厖:同"毛"。

[29] 镇抚:安抚。

[30] 终始:常规。

[31] 参其国:把国都划分为三部分。伍其鄙:把国都以外的地区划分为五部分。

[32] 纪:纲纪。

[33] 谨:谨慎。秉:权柄。

[34] 御:统治,治理。

译文:

管仲到了齐国的堂阜,鲍叔为管仲举行除灾仪式并让他沐浴三次。

桓公亲自到郊外迎接。管仲叠起帽缨挽起衣襟,使人拿着斧子站在背后。

桓公三次让拿斧子的人走开,然后他们退出。

桓公说:"垂下帽缨,放下衣襟,我会立即接见。"

管仲再拜稽首说:"受您的恩赐,就是被杀死在黄泉,也不朽了。"

桓公便与管仲同回,在庙堂上以礼相见,酒过三巡以后,桓公请教为政之道。

桓公说:"从前我们齐国的先君襄公,筑高台,修广池,喜好饮酒,田猎捕射,不理国政。鄙视圣贤,轻慢士人,只知爱宠女色。九妃六嫔,陈妾数千。她们食必佳肴,衣必锦绣,而战士们挨饿受冻。战马的补充要等游车用疲的马匹,战士的给养要等侍妾吃剩的食品。倡优侏儒的地位在前,贤士大夫的地位在后。所以国家不能一天天进步。我怕宗庙无人打扫,社稷无人祭祀,请问该怎么办呢?"

管子回答说:"从前我们的先王周昭王、周穆王,效法文王、武王的远大业绩,以成其名。召集年高有德的老人,考察人民当中表现好的,树为典型。学习好的施政方法贯彻不变,并原原本本写于简策。用赏赐鼓励好人,用刑罚纠正坏人。根据人民的年纪资历,分别赏赐安抚,始终如一地实行。"

桓公说:"还要怎么办?"

管子回答说:"过去圣王治理人民,国都分为三,鄙划为五,以安定人民居处,安排人民职业,以此作为制度。同时认真实行'六秉',这样民情就可以知晓,百姓就可以统治。"

解读:

齐桓公即位后,在鲍叔牙的力谏之下,准备任用管仲为相。管仲从鲁国回到齐国,到了齐国的边界堂阜地区,鲍叔牙为管仲做了除灾仪式,让管仲沐浴三次。齐桓公召见了管仲,管仲对齐国状况做了综合分析,并提出具体改进措施。

管仲说,为了富国强兵,首先要改革政治。所谓"修旧法"就是整饬宗周的礼制。对文王、武王、周公的旧法,根据当时的形势,齐国的国情,择其适用的保留下来,再加以创新而使用。管仲的政治改革纲领,考虑到旧贵族、特权阶层的阻力。故齐桓王问政时,他说:"昔吾先王周昭王、穆王,世法文武之远迹,以成其名。"借此来减少保守的贵族、特权阶层的反对,使改革措施得以顺利实施。①

7. 管仲重经济

题解:

这则故事出自《管子·小匡》。

原文:

桓公曰:"卒伍定矣[1],事已成矣,吾欲从事于诸侯,其可乎?"

管子对曰:"未可。若军令则吾既寄诸内政矣[2]。夫齐国寡甲兵,吾欲轻重罪而移之于甲兵[3]。"

公曰:"为之奈何?"

管子对曰:"制:重罪入以兵甲犀胁、二戟[4],轻罪入兰、盾、鞈革、二戟[5],小罪入以金钧分[6],宥薄罪入以半钧,无坐抑而讼狱者[7],正三禁之而不直[8],则入一束矢以罚之[9]。美金以铸戈、剑、矛、戟,试诸狗马;恶金以铸斤、斧、钼、夷、锯、欘[10],试诸木土。"

---

①　张习孔、林岷主编《先秦大事本末》,中国国际广播出版社 2007 年版,第 148 页。

注释：

[1] 卒伍：军队的编制。

[2] 若：至于。寄：寄予。诸："之于"的合音。

[3] 轻重罪：从轻处理重罪。

[4] 制：规定，制定。入：缴纳。犀胁：用犀牛皮制成的护胁，与马甲相似。

[5] 兰：兵器架。盾：盾牌。鞈：用以防箭的胸甲，用皮革制成。

[6] 钧：古三十斤为钧。分：半。

[7] 坐抑：挫折压制，引申为冤屈。坐：通"挫"。

[8] 正：长官。三禁之而不直：三次劝阻仍要诉讼，审问起来而冤情不属实。

[9] 一束矢：一捆箭。

[10] 斤：斧。鉏：同"锄"。夷：指用来割草的钩镰之类。橺：锄。

译文：

　　桓公说："卒伍已建好，事功已成，我想干预诸侯的事务，可以了吧？"

　　管子回答说："不可以。军事组织我已结合内政完成了，但齐国还缺少盔甲兵器，我想用从轻处理重罪的办法，把赎金用于增加盔甲兵器上。"桓公说："怎样做？"管子回答道："规定犯重罪的交纳兵器、盔甲、犀皮护胁和两支戟，犯轻罪的交纳兵器架、盾牌、护胸甲皮和两支戟，犯小罪的交纳铜一钧，从犯的交铜半钧。没有冤情而打官司，再三阻止无效而冤情不属实的，交一束箭以示惩罚。青铜用来铸造戈、剑、矛、戟，用狗马来试验是否锋利；铁用来铸造斤、斧、锄、镰、锯、锄等，用土木来试验是否合用。"

解读：

　　桓公看到国事已定，军队已建立起来，就想干预诸侯国的事务。管仲说，不可以这样做。因为齐国的军事组织虽然已经结合内政解决了，但还缺少盔甲兵器，他想通过用减刑的办法来增加盔甲兵器。桓公问具体如何办？

　　管仲回答说，可以规定犯重罪的人交纳武器、盔甲、犀皮做的护肋和两支戟来赎罪；犯轻罪的人交纳兵器架、盾牌、护胸甲皮与两支戟来赎罪，犯小罪的人交纳一钧金属赎罪；对于薄罪实行宽大，只纳半钧金属。至于那些免于刑事处罚的，也须交纳一束箭，以资惩罚。对收集起的金属，青铜铸造戈、剑、矛、戟，并用狗马来检验铸造质量；用铁来铸造斤、斧、锄、镰、锯等，并在木土上试验。

　　所谓"轻重罪而移之于甲兵"，意思是允许用兵器及其原料铜、铁等来赎罪。实际上，由于兵器等铜铁制品毕竟需要专业技术才能冶炼、制造。因此，在实际执行过程中,诸侯国也会采取变通的办法,用作赎罪的兵器可以折算成钱币缴纳。如鲁国法律规定:"盗一钱到廿,罚金一两;过廿到百,罚金二两。"

这一谋略不仅使齐国在较短的时间内充实了武备,而且还充分利用了民间闲置的资源,并且给罪犯以新的赎罪、悔罪的机会,消除兵器在这些人手中的潜在危险。①

8. 管仲病榻论相

题解:

这则故事出自《管子·戒》。

原文:

管仲寝疾[1],桓公往问之,曰:"仲父之疾甚矣[2],若不可讳也[3]。不幸而不起此疾[4],彼政我将安移之?"

管仲未对。

桓公曰:"鲍叔之为人何如?"

管仲对曰:"鲍叔,君子也。千乘之国,不以其道予之[5],不受也。虽然[6],不可以为政。其为人也,好善而恶恶已甚[7],见一恶终身不忘。"

桓公曰:"然则孰可[8]?"

管仲对曰:"隰朋可。朋之为人,好上识而下问[9]。臣闻之:以德予人者,谓之仁。以财予人者,谓之良。以善胜人者[10],未有能服人者也。以善养人者[11],未有不服人者也。于国有所不知政,于家有所不知事,必则朋乎[12]!且朋之为人也,居其家不忘公门,居公门不忘其家,事君不二其心,亦不忘其身。举齐国之币,握路家五十室[13],其人不知也。大仁也哉,其朋乎!"

公又问曰:"不幸而失仲父也,二三大夫者,其犹能以国宁乎[14]?"

管仲对曰:"君请矱已乎[15]?鲍叔牙之为人也,好直。宾胥无之为人也,好善。宁戚之为人也,能事。孙在之为人也,善言。"

公曰:"此四子者,其孰能一人之上也? 寡人并而臣之[16],则其不以国宁,何也?"

对曰:"鲍叔之为人,好直而不能以国诎[17]。宾胥无之为人也,好善而不能

---

① 朱少华《匡世经纶:管子谋略纵横》,蓝天出版社 1997 年版,第 181~182 页。

以国诎。宁戚之为人，能事而不能以足息[18]。孙在之为人，善言而不能以信默[19]。臣闻之，消息盈虚[20]，与百姓诎信[21]，然后能以国宁，勿已者[22]，朋其可乎。朋之为人也，动必量力，举必量技。"言终，喟然而叹曰[23]："天之生朋，以为夷吾舌也。其身死，舌焉得生哉[24]！"

注释：

[1] 寝疾：卧病在床。疾：病。

[2] 甚：严重。

[3] 若：此，这。讳：忌讳，讳言，指病逝这件事。

[4] 起：医治好。

[5] 道：正当的方式。予：给予，授给。

[6] 虽然：即使这样。

[7] 好善：喜欢好的。恶恶：厌恶坏的。已甚：非常严重。

[8] 孰：谁。

[9] 好：喜欢。上识：向地位高的人学习。下问：向地位低的人求教。

[10] 胜：胜过。

[11] 养：教育。

[12] 则：是。

[13] 路家：贫困户。路：通"露"，破败。

[14] 犹：还。宁：安宁。

[15] 矍：通"蒦"，决定。

[16] 并：合，都。臣之：任用为臣。

[17] 诎：同"屈"，弯曲。

[18] 息：停止。

[19] 默：保持沉默。

[20] 消息：消减与增长。息：滋长。

[21] 诎：同"屈"。信：通"伸"。

[22] 已：停止。

[23] 喟然：感叹的样子。

[24] 焉：何，怎么。

译文：

　　管仲卧病，桓公前去慰问，说："仲父的病很重，这是无须讳言的。如果不幸病不能好，国家大政我将另外交付给谁呢？"

管仲没有回答。

桓公说："鲍叔为人如何？"

管仲答道："鲍叔是君子。即使是有千辆兵车的大国，如果不是以正当的手法地送给他，他是不会接受的。但即便如此，却不可以把国家大政托付给他。鲍叔的为人，善恶太分明，见一恶终身不忘。"

桓公说："那么谁可以？"

管仲答道："隰朋可以。隰朋为人，有远大眼光而又能虚心下问。我听说给人恩德叫作仁，给人财物叫作良。用做好事来压服人，人们也不会心服，用做好事来熏陶人，人们没有不心服的。对于国政该不管的不管，对于家事不必知的不知，这只有隰朋能够做到。并且隰朋为人，在家不忘公务，在公门不忘家事，服务君主没有二心，但也不忘记自己。他曾用齐国的钱救济五十户贫困的难民，受惠者却不知是他做的。称得上大仁的，那是隰朋啊。"

桓公又问道："如果不幸失去仲父，各位大夫还能使国家安宁吗？"

管仲答道："您既然这样问，我只能不得已回答。鲍叔牙为人好直，宾胥无为人好善，宁戚为人能干，孙在为人会说。"

桓公问："这四位，我能重用哪一个？他们都是上等人才。现在我全部使用，如果还不能使国家安宁，那是什么缘故？"

管仲答道："鲍叔为人好直，但不能为国家而牺牲其直，宾胥无为人好善，也不能为国家而牺牲其善，宁戚为人能干，但不能适可而止，孙在为人会说，但不能及时沉默。我认为根据变化的形势与百姓的情况有所屈伸，然后能使国家安宁长久的，还是隰朋。隰朋的为人，行动一定量力，做事一定考虑能力。"管仲说完，长叹一声说："老天生下隰朋，本是为我做舌头的，如果我的身体死去，舌头又怎么能存活呢！"

解读：

齐桓公业已称霸天下，社稷已定，人民思安。齐桓公晚年之时，身边良将贤才确实不少，然而奸臣小人却也暗伏左右，伺机作乱。管仲病重时与齐桓公讨论选贤任能。管仲向齐桓公推荐自己的继承人时，极力推荐了隰朋。管仲虽然肯定了鲍叔牙、宾胥无、宁戚、孙在等人的优长，同时也指出了他们的不足。管仲向齐桓公交代身后之事。他选隰朋作继承人。

管仲在向齐桓公推荐可以交托国家行政之人时，认为鲍叔牙虽是君子，然而善恶过于分明，见一恶终身难忘，宾胥无虽为人好善，但不能为国家牺牲其善；宁戚虽能干，但不能适可而止；孙在虽能说，但不能及时沉默。管仲这种论人的方法是辩证的。他不因其人的优点而忽视其缺点，也不因为某人的缺点而忽视其优点，充分肯定了人在历史发展中的推动作用。

　　齐桓公在管仲的病榻前询问其接班人选。管仲并没有推荐有知遇之恩的挚友鲍叔，而是力荐隰朋，彰显了其敏锐的观察能力以及以社稷为重的品质。管仲说，隰朋在为人做事方面有超出常人之处，隰朋既能铭记上级交代的事情，又能虚心听取下级意见；居家休息之时不忘公务之事；官府工作之时也不舍弃家庭；对国君忠贞不二，对家庭也照顾周到。管仲还说，隰朋曾经用齐币资助过五十家资户，而却不想让人知道，这可称为"大仁"。

　　对于朝中四位重臣，管仲的评价也很全面。管仲说，鲍叔为人正直，嫉恶如仇，却不能为国家隐忍、受屈；宾胥无为人善良，宽宏大量，却不能为国家担当、受屈；宁戚敏于做事，但不知适可而止；曹孙宿善于言辞，但不知守信静默。历史证明了管仲的判断。

9. 管仲论易牙、竖刁、开方

题解：
　　这则故事出自《管子·戒》。

原文：
　　管仲又言曰："东郭有狗嘻嘻[1]，旦暮欲啮[2]，我枷而不使也[3]。今夫易牙[4]，子之不能爱，安能爱君[5]？君必去之[6]。"

　　公曰："诺。"

　　管子又言曰："北郭有狗嘻嘻，旦暮欲啮，我枷而不使也。今夫竖刁[7]，其身之不爱，焉能爱君[8]？君必去之。"

　　公曰："诺。"

　　管子又言曰："西郭有狗嘻嘻，旦暮欲啮，我枷而不使也。今夫卫公子开方[9]，去其千乘之太子而臣事君[10]，是所愿也得于君者[11]，是将欲过其千乘也。君必去之。"

　　桓公曰："诺。"

　　管子遂卒[12]。

注释：

[1] 喋喋：想咬人的样子。

[2] 啮：咬人。

[3] 枷：锁狗的器具。

[4] 易牙：齐桓公的宠臣，曾蒸其子献给桓公食用。

[5] 安：怎么。

[6] 去：赶走，打发走。

[7] 竖刁：齐桓公的宠臣，曾自宫其身为桓公管理内宫。

[8] 焉：怎么会。

[9] 开方：本名"启方"，后人为避汉文帝刘启的讳而改。开方是卫国太子，在齐
    国多年，不回家探望父母。

[10] 臣事：称臣事奉。

[11] 愿：愿望。得：得到。

[12] 卒：去世。

译文：

　　管仲又说："东城之外有一只狗，龇牙咧嘴，一天到晚想咬人，我用木枷把它枷住，它才不能得逞。现在易牙这个人连自己的儿子都不爱，又怎么能爱君主您？您一定要赶走他。"

　　桓公说："好。"

　　管子又说道："北城之外有一只狗，龇牙咧嘴，一天到晚想咬人，我用木枷把它枷住，它才不能得逞。现在竖刁这个人连自己的身体都不爱，怎么能爱君主您？您一定要赶走他。"

　　桓公说："好。"

　　管子又说道："西城之外有一只狗，龇牙咧嘴，一天到晚想咬人，我用木枷把它枷住，它才不能得逞。现在卫公子开方这个人，放弃千乘之国的太子之位来做您的臣子，这说明他想要从您这里得到的东西将超过千乘之国，您一定要赶走他。"

　　桓公说："好。"

　　管子去世。

解读：

　　管仲病重之时与齐桓公讨论选贤任能，除奸去恶之事。他在分析齐桓公身

边的大臣时,也不因其表面上尽心尽职而忽略他们本质上的劣根性。如说易牙连自己的儿子都不爱岂能爱君;竖刁对自己的身体都不爱岂能爱君;公子开方放弃显贵地位以侍君,定有图谋。管仲这种论人的方法是辩证的,同时也是有穿透力和远见的。管仲在分析大臣的良莠善恶的同时,强调了大臣在国家社稷中的重要作用,贤臣可以辅佐君王成大事,奸臣则能使国灭君亡。

10. 谏桓公远小人

题解:

　　这则故事出自《管子·小称》。

原文:

　　管仲有病,桓公往问之曰:"仲父之病病矣[1],若不可讳而不起此病也[2],仲父亦将何以诏寡人[3]?"

　　管仲对曰:"微君之命臣也[4],故臣且谒之[5]。虽然,君犹不能行也。"

　　公曰:"仲父命寡人东,寡人东。令寡人西,寡人西。仲父之命于寡人,寡人敢不从乎?"

　　管仲摄衣冠起[6],对曰:"臣愿君之远易牙、竖刁、堂巫、公子开方。夫易牙以调和事公[7],公曰惟烝婴儿之未尝,于是烝其首子而献之公[8]。人情非不爱其子也,于子之不爱,将何有于公? 公喜宫而妒[9],竖刁自刑[10],而为公治内。人情非不爱其身也,于身之不爱,将何有于公? 公子开方事公十五年,不归视其亲。齐、卫之间,不容数日之行。臣闻之,务为不久[11],盖虚不长。其生不长者,其死必不终。"

　　桓公曰:"善。"

　　管仲死,已葬。公憎四子者,废之官。逐堂巫而苛病起兵[12],逐易牙而味不至[13],逐竖刁而宫中乱,逐公子开方而朝不治。

　　桓公曰:"嗟[14]! 圣人固有悖乎[15]!"乃复四子者。

　　处期年[16],四子作难,围公一室,不得出。

　　有一妇人,遂从窦入[17],得至公所[18]。

　　公曰:"吾饥而欲食,渴而欲饮,不可得,其故何也?"

　　妇人对曰:"易牙、竖刁、堂巫、公子开方,四人分齐国,涂十日不通矣[19]。公子开方以书社七百下卫矣[20],食将不得矣。"

公曰："嗟兹乎[21]！圣人之言长乎哉[22]！死者无知则已，若有知，吾何面目以见仲父于地下。"

乃援素幭以裹首而绝[23]。

注释：

[1] 病病：疾病严重。

[2] 不可讳：死亡的婉辞。

[3] 何以：用什么。诏：告。

[4] 微：无，没有。

[5] 故：本来。且：将。谒：报告。

[6] 摄：整顿，端正。

[7] 调和：调和滋味，这里指厨师。

[8] 首子：长子。

[9] 喜宫而妒：喜欢女色而又妒忌。

[10] 刑：指阉割。

[11] 为：通"伪"，人为地用心去做。

[12] 苛病：鬼魂附体之病。

[13] 至：好。

[14] 嗟：感叹词。

[15] 固：原来。悖：错误。

[16] 期年：一年。

[17] 遂：于是。窦：洞。

[18] 所：地方。

[19] 涂：通"途"，道路。

[20] 书社：古二十五家为一社，造册登记称书社，这里指人口及土地。

[21] 嗟兹乎：叹词。

[22] 长：长远。

[23] 援：拿。幭：手巾、头巾之类。

译文：

管仲有病，桓公前往慰问，说："仲父的病很重了，如果此病不起，仲父有什么话要教我的？"

管仲答道："您即使不来问我，我也有话对您说。不过，怕您做不到罢了。"

桓公说:"仲父要我往东我就往东,要我往西我就往西,仲父要我做什么,我敢不听吗?"

管仲整整衣冠起来答道:"我希望您远离易牙、竖刁、堂巫和公子开方。易牙用烹调侍候您,您说唯有婴儿没有尝过,于是易牙蒸了他的第一个儿子献给您。人之常情没有不爱自己子女的,易牙对自己的儿子都不爱,又怎能爱您?您喜欢女色而善妒,竖刁就自宫为您管理后宫。人之常情没有不爱自己身体的,竖刁对自己的身体都不爱,又怎能爱您?公子开方服侍您,十五年不回家探望父母,齐国与他家乡卫国之间只有几天的路程。我听说过,作伪不能持久,掩盖虚伪也不会长远。这种人活着不干好事,一定不得好死。"

桓公说:"好。"

管仲去世了,埋葬完毕,桓公憎恶管仲讲的四个人,废掉了他们的官职。但是赶走了堂巫,却生了怪病;赶走了易牙,却感到吃的东西不对味;赶走了竖刁,内宫出现混乱;赶走了公子开方,临朝听政没有条理。

桓公说:"唉,圣人也难免有错吧!"于是重新起用四人。

过了一年,四人作乱,把桓公围困在一间屋子里,不让外出。

有一个宫女从小洞钻进来,到了桓公住所。

桓公说:"我饿的要吃饭,口渴想喝水,都得不到,这是什么缘故?"

宫女回答说:"易牙、竖刁、堂巫、公子开方四人瓜分了齐国,道路已经十天不通了。公子开方已把七百社的土地人口送给卫国了,吃的东西得不到了。"

桓公说:"唉,原来如此。圣人的话真是高明啊。要是死了没有知觉还好,如果有知觉,我有什么面目见仲父于地下呢!"

便拿过布帕包头而死。

解读:

齐桓公从即位开始,就能胸怀大志,知人善任,任用鲍叔牙,甚至不计前嫌迎管仲为相。齐桓公善于用人,所以在其称霸过程中,得到许多有识之士的大力相助,最终取得了霸主地位。但是到了晚年,桓公却用人不当,亲小人远贤臣,对一些阳奉阴违的小人依然重用。管仲在弥留之际进忠言,劝说齐桓公要知人知善,远离小人。

管仲认为易牙烹子,竖刁自宫管理齐桓公后宫中的宫女,公子开方十五年未回家探亲,都没有人情味,对君主自然也不可能爱,劝齐桓公辞掉他们,齐桓公同意了。但是辞掉这四人之后,齐桓公食不甘味,身体不舒服,宫中混乱,于是又重新起用这四个人。一年之后，这四个人犯上作乱，囚禁了齐桓公。齐桓公这时才体会到管仲是多英明。

管仲能不被事物的表象所蒙蔽，劝谏齐桓公远小人。管仲认识到，易牙、竖刁、公子开方这些人表面上虽然竭力侍君，能够做出很大牺牲，但是实际上是残忍、不讲亲情。管仲的能通过现象，看到本质，非常具有远见卓识。

11. 管仲论乘势

题解：

这则故事出自《管子·轻重甲》。

原文：

桓公曰："寡人欲藉于室屋[1]。"

管子对曰："不可，是毁成也[2]。"

"欲藉于万民[3]。"

管子曰："不可，是隐情也[4]。"

"欲藉于六畜。"

管子对曰："不可，是杀生也[5]。"

"欲藉于树木。"

管子对曰："不可，是伐生也[6]。"

"然则寡人安藉而可[7]？"

管子对曰："君请藉于鬼神。"

桓公忽然作色曰："万民、室屋、六畜、树木且不可得藉，鬼神乃可得而藉夫？"

管子对曰："厌宜乘势[8]，事之利得也。计议因权，事之囷大也[9]。王者乘势，圣人乘幼[10]，与物皆耳。"

桓公曰："行事奈何？"

管子对曰："昔尧之五更五官无所食[11]，君请立五厉之祭[12]，祭尧之五吏。春献兰，秋敛落，原鱼以为脯[13]，鲵以为殽。若此，则泽鱼之正伯倍异日[14]，则无屋粟邦布之藉。此之谓设之以祈祥[15]，推之以礼义也。然则自足，何求于民也？"

注释:

[1] 藉于室屋:征收房屋税。

[2] 毁成:毁坏已建成的房屋。

[3] 藉于万民:征收人头税。

[4] 隐情:隐藏人的欲望。

[5] 杀生:杀掉牲畜。

[6] 伐生:砍伐成材的树木。

[7] 安藉:征什么税。

[8] 厌:合适。

[9] 圉:通"侑",帮助。

[10] 幼:通"幽"。

[11] 更:当为"吏",据闻一多说改。

[12] 厉:人去世之后没有后人祭祀者。

[13] 原鱼:生鱼。脯,干肉。

[14] 正:同"征"。伯:同"百"。

[15] 祈祥:指祭祀。

译文:

桓公说:"我想征收房屋税。"

管子回答说:"不行,这等于毁坏房屋。"

桓公说:"我想征收人口税。"

管子回答说:"不行,这等于让人们抑制情欲。"

桓公说:"我想征牲畜税。"

管子回答说:"不行,这等于叫人们宰杀幼畜。"

桓公说:"我想征收树木税。"

管子回答说:"不行,这等于叫人们砍伐树苗。"

"那么我能征什么税呢?"

管子回答说:"请您向鬼神征税。"

桓公忿然变色说:"人口、房屋、牲畜、树木尚且不能征税,还能向鬼神征税吗?"

管子回答说:"因时制宜,办事可以得利。计议谋划善于权变,帮助甚大。王者善于利用时势,圣人善于利用鬼神,使万事务得其宜。"

桓公问:"具体如何办?"

管子回答说:"从前尧有五个功臣,官方未予以祭祀,请您建立祭祀五个死者的制度,祭祀尧的五个功臣。春天献上兰花,秋天献上新谷,用生鱼做成鱼脯,用小鱼做成菜肴,作为牺牲祭祀。这样,鱼税的收入可比以前增加一百倍,无须征收房屋、粮食、人口、货币等各方面的税收了。这就叫作举行了鬼神祭祀,又推行礼义教化,自然满足了财用,又何必再向百姓求取呢?"

解读:

齐桓公想要向百姓来征税以充实国家财政,满足国家费用的需要。他向管仲说,想要征收房屋税。管仲回答说,不行,这等于破坏人们想要建造房屋的愿望。桓公又说想征人口税,管仲回答说,不行,这等于让人们不想生孩子,抑制人们的情欲。桓公又说我想要征收牲畜税。管仲回答说,不行,这等于叫人们不想繁殖养育牲畜,宰杀幼畜。桓公说想征收树木税,管仲回答说,不行,这等于叫人们砍伐幼树。至此,齐桓公有些迷惑了。

管仲说,可以向鬼神征税。管仲又说,从前尧有五个功臣,现在无人祭祀,君上确立祭祀制度,让人们来祭祀尧的五个功臣。春天敬献兰花,秋天收新谷为祭;用生鱼做成鱼干祭品,用小鱼做成菜肴祭品。这样,国家的鱼税收入可以比从前增加百倍,那就无须征收赋税了。这就叫作举行了鬼神祭祀,又推行了礼义教化,自己满足了财政需要,没有必要向百姓求索了。

善于理财是管仲思想的一大特色,他善于运用古老的传闻,结合适当的措施推行于民。通过社会伦理道德来影响经济,而又用经济的发展强化礼教。

12. 管仲论鲍叔牙、隰朋

题解:

这则故事出自《庄子·徐无鬼》。

庄子,名周,战国时蒙(今河南商丘)人。思想家、文学家。他曾做过蒙地漆园的小吏。庄子与老子同是道家学派的创始人,世称老庄。庄子主张"无为",放弃一切斗争,他极力否定现实,主张逃避现实,脱离社会。在政治上,主张回到原始的状态。他拒绝与统治者合作,鄙视富贵利禄。《庄子》是庄周及其门人后学所作,是庄子学说的总结。根据《汉书·艺文志》,原书五十二篇,今存三十三篇,包括内篇七篇,外篇十五篇,杂篇十一篇。庄子的文章想象丰富新奇,多用寓言,文笔变化多端,具有浓厚的浪漫主义色彩。全书风格汪洋恣肆、恢诡谲怪,文章遣词造句、行文布局都很有特色,对后世文学影响很大。①

原文:

管仲有病,桓公问之,曰:"仲父之病病矣[1],可不讳云[2]。至于大病[3],则寡人恶乎属国而可[4]?"

管仲曰:"公谁欲与[5]?"

公曰:"鲍叔牙。"

曰:"不可。其为人洁廉善士也,其于不己若者不比之[6],又一闻人之过,终身不忘。使之治国,上且钩乎君[7],下且逆乎民[8]。其得罪于君也,将弗久矣!"

公曰:"然则孰可?"

对曰:"勿已,则隰朋可。其为人也,上忘而下畔[9],愧不若黄帝而哀不己若者[10]。以德分人谓之圣,以财分人谓之贤。以贤临人[11],未有得人者也;以贤下人[12],未有不得人者也。其于国有不闻也,其于家有不见也。勿已则隰朋可。"②

注释:

[1] 病病:病重。

[2] 讳云:讳言。

[3] 大病:死的委婉说法。

[4] 恶:谁。属国:委托国政。

[5] 谁欲与:即欲与谁。与,给。

[6] 不己若:即不若己。比:亲近。

[7] 钩:曲,违背。

[8] 逆:触犯。

[9] 上忘:对君上不着意揣摩。畔:同"叛",逆忤。

[10] 若:如。哀:怜惜。

[11] 临:由上看下,居高面低。

[12] 下人:居于人之后,对人谦让。

---

①　刘永翔、吕咏梅《先秦两汉散文》,上海人民出版社 2017 年版,第 142 页。
②　郭庆藩《庄子集释》,中华书局 2004 年版,第 844～845 页。

译文:

管仲有病,桓公去慰问他,说:"仲父的病情很重,可以不避讳地说,万一您一病不起,那我把国家政事委托给谁才合适呢?"

管仲问:"君主打算委托给谁?"

桓公说:"鲍叔牙。"

管仲说:"不行。鲍叔牙为人清正廉洁,是个好人。但他不屑于和不如自己的人亲近。再者,别人的失误只要让他知道,他能记一辈子不忘记。让他治理国家,对上会违背君王意旨,对下会违逆民心。他得罪君王那是迟早的事。"

桓公问:"那么谁合适?"

管仲说:"要是没有别的选择,隰朋这个人是可以的。隰朋的为人,他无心窥测揣摩君王意思曲意逢迎,对百姓态度亲善,自愧比不上黄帝,哀怜不如自己的人。用自己的美德影响别人叫作圣,拿自己的财物分送给别人叫作贤。一个以贤人自居对待别人的人,从未有得人心的例子。虽有贤才却谦逊对待别人,从未有不得人心的例子。他对于国家大政不是事必躬亲,而是相信其他人,他对于家庭有责任感但并不是一人说了算。要是没有别的选择,那么隰朋这个人还可以。"①

解读:

这个故事记述了桓公在管仲的辅助下,取得了霸权地位。管仲之才,难以称述,而知人只是其中一个方面。知人善任,善任的前提是知人。管仲对朝中人物是知之极深。

管仲生病去世之前,齐桓公到管仲家,请教他,管仲之后,谁可以代替他管理国家。管仲没有直接回答,而是问桓公准备让谁接手管仲的权力。桓公说,想让鲍叔牙接管。

管仲说,鲍叔牙不适合为相。鲍叔牙的特点是,他的品性特别高洁,高洁的同时,带来这样的问题,就是才能比不上他的人,他就不和人家交往,而一旦听说别人的过错,他会终身不忘,很没有包容心。鲍叔牙若是治理国家,他可能和君主、百姓的关系都不顺畅。然后管仲说,隰朋最适合为相。因为隰朋品德高尚,对自己要求很严格,对别人怀有悲悯之心,隰朋无论对于齐国的事情还是家里的事情,都能够抓大放小,适合为相。

---

① 李乃龙《庄子选译》,漓江出版社 2005 年版,第 194 页。

从鲍叔牙和隰朋对比中,可以看到管仲的用人标准,就是鲍叔牙这样过于严谨的人不适合为相,善于变通,宽严适度的人可委以重任。

13. 管仲、鲍叔牙之约

题解：

这则故事出自《韩非子·说林下》。

原文：

管仲、鲍叔相谓曰[1]:"君乱甚矣,必失国。齐国之诸公子其可辅者,非公子纠则小白也[2]。与子人事一人焉,先达者相收[3]。"

管仲乃从公子纠,鲍叔从小白。国人果弑君。小白先入为君,鲁人拘管仲而效之,鲍叔言而相之[4]。故谚曰:"巫咸虽善祝[5],不能自祓也[6];秦医虽善除[7],不能知弹也[8]。"以管仲之圣而待鲍叔之助,此鄙谚所谓"卜自卖裘而不售,士自誉辩而不信"者也。

注释：

[1] 相谓:相互商议。

[2] 公子纠:春秋时齐国公子,齐僖公的儿子,齐襄公的弟弟,齐桓公的哥哥。小白:即齐桓公。

[3] 达:成也。收:指谁能首先成功,要接受对方。

[4] 相:任用为相。

[5] 巫咸:传说中的神巫。祝:祈祷。

[6] 祓:祈祷消除灾难。

[7] 秦医:指扁鹊,他是古代的良医。除:除病。

[8] 弹:同"砭",此指救治。

译文：

管仲、鲍叔牙互相商议说:"国君太昏乱了,必然会丧失政权。齐国的各位公子,其中值得辅佐的,不是公子纠,就是公子小白。对他们两个我和您每人侍奉一个,先得志的就招揽对方。"

于是管仲就跟从公子纠,鲍叔牙跟从公子小白。齐国人果然杀掉了齐国的君主。公子小白先进入齐国当了国君,鲁国人便囚禁了管仲而把他献给了齐桓公,鲍叔牙建议桓公任用管仲为相。所以俗话说:"巫咸虽然善于祈祷祝愿,但是不能用祈祷祝愿来为自己驱除灾祸;秦医虽然善于除去病灶,但是不能用石针来为自己治病。"管仲这样的贤明之人还要依靠鲍叔牙的帮助,这就是俗话所说的"做皮衣的奴仆自己去卖皮衣而卖不掉,读书人自己称赞自己的口才而不会被人相信"的事情。①

解读:

这个故事说明,再杰出的人,再贤明的人,都需要别人的帮助。

鲍叔牙年轻时与管仲是好朋友,非常相信管仲的才能。齐僖公去世之后,齐僖公的长子继位,这是齐襄公。齐襄公做事非常没有分寸,国家越来越乱,管仲、鲍叔牙这两位好朋友商量,认为齐襄公太昏聩了,一定会丧失对齐国的控制权。齐僖公的孩子中,可以辅佐的人,是公子纠、公子小白,他们两个人都有可能成为齐国的君主。为了保险起见,管仲、鲍叔牙决定一人辅助一个,管仲、鲍叔牙将来无论谁成功了,就要在政治上帮助另一个。

于是管仲辅助了公子纠,鲍叔牙辅助了公子小白。后来齐国的君主被杀,公子纠、公子小白争相往齐国赶,小白早到临淄,又获得了当时齐国上卿高子、国子的支持,小白即位,这就是齐桓公。齐桓公继位之后,鲍叔牙遵循之前与管仲的约定,推荐管仲做齐桓公的相。《韩非子》借助谚语"巫咸虽善祝,不能自被也;秦医虽善除,不能知弹也"说明像管仲这样圣明的人,也需要鲍叔牙的帮助,也说明自己推荐自己是非常难的事情。

管仲确实也对得起鲍叔牙的推重。管仲为齐桓公相,推行富民、安民、富国、强兵的政策,齐国由此大盛,齐桓公称霸诸侯,成为春秋"五霸"之首。孔子对管仲评价很高:"桓公九合诸侯,不以兵车,管仲之力也。"孔子说,齐桓公多次与天下诸侯会盟,诸侯国自觉自愿地推举齐桓公为霸主,不依靠齐国军事力量来压制,这是管仲的功劳啊。

14. 管仲论竖刁、易牙

题解:

这则故事出自《说苑·权谋》。

---

① 张觉等《韩非子译注》,上海古籍出版社 2012 年版,第 213~214 页

原文：

　　管仲有疾，桓公往问之曰："仲父若弃寡人[1]，竖刁可使从政乎[2]？"

　　对曰："不可。竖刁自刑以求入君[3]。其身之忍[4]，将何有于君。"

　　公曰："然则易牙可乎[5]？"

　　对曰："易牙解其子以食君[6]。其子之忍，将何有于君，若用之必为诸侯笑[7]。"

　　及桓公殁，竖刁、易牙乃作难，桓公死六十日，虫出于户而不收[8]。

注释：

[1] 弃寡人：去世的委婉说法。

[2] 竖刁：齐桓公的宠臣。

[3] 自刑：自我阉割。

[4] 忍：残忍。

[5] 易牙：齐桓公的另一个宠臣。

[6] 解：肢解。食君：让国君吃。《管子·小称》记载，桓公的厨师易牙曾烹其子
　　食君。

[7] 笑：讥笑，嘲笑。

[8] 收：殓葬。

译文：

　　管仲生病，桓公前去看望他。桓公问道："仲父万一离我而去，可以让竖刁执政吗？"

　　管仲回答说："不可以。竖刁自宫，请求到您身边侍候。他对自己的身体如此忍心残害，对于您还能有什么不忍心去做的呢？"

　　桓公说："那么可以让易牙执政吗？"

　　管仲回答说："易牙肢解自己的儿子给您吃，他对自己的亲生儿子如此残忍，对于您还能有什么不忍心去做的呢？如果重用他，一定会被诸侯嘲笑。"

　　等到桓公去世时，竖刁、易牙开始作乱。桓公去世六十天，遗体内的虫子都爬出门外了，也无人来收殓埋葬。①

解读：

　　管仲在齐桓公继位之后，在鲍叔牙的推荐下，成为齐桓公的相，帮助齐桓公

---

①　程翔评注《说苑》，商务印书馆 2018 年版，第 591 页。

九合诸侯,一匡天下,尊王攘夷,维护了周天子的秩序。管仲为相,长达四十余年。在管仲生病去世之前,齐桓公去看望他,希望就齐相的继承问题,向管仲咨询看法。

齐桓公心目中,比较重要的人选是竖刁、易牙。管仲表示反对,因为竖刁为了投齐桓公所好,挥刀自宫,去管理齐桓公的后宫。易牙为了获得齐桓公的信任,把他的第一个儿子煮了给桓公吃。管仲认为,竖刁、易牙的行为非常残忍,他们连自己的身体、自己孩子都不爱惜,对齐桓公也不会有多忠心。齐桓公开始听了管仲的建议,驱逐了竖刁、易牙,但是驱逐竖刁之后,后宫管理跟不上了;驱逐易牙之后,别人做的饭都没有易牙做的饭可口。齐桓公认为,管仲临终的时候一定是糊涂了,所以就把竖刁、易牙召回来了。但是没想到,不久之后竖刁、易牙伙同公子开方作乱,齐桓公被饿死宫中,过了六十天,才下葬。

这个故事说明,管仲善于明察,具有极高的政治智慧。桓公称霸天下,很大程度上是管仲的功劳。管仲去世之后,齐桓公很快被佞臣饿死,说明齐桓公在识别人才方面,还是不够明察。

结　语

　　《管仲的故事》，主要涉及两个核心内容："管仲"与"故事"。

　　本书认同的"故事"的内涵是，故事是通过叙述的方式，讲一个带有寓意的事件。某些故事是人类对自身历史的一种记忆行为，人们通过多种故事形式，记忆和传播着一定社会的文化传统和价值观念，引导着社会性格的形成。故事通过对过去的事的记忆和讲述，描述某个范围社会的文化形态。故事并不是一种文体，它是通过叙述的方式讲一个带有寓意的事件。它对于研究历史上文化的传播与分布具有很大作用。

　　语言富于动性，是故事与小说区别之一。故事是写"事"的，小说是写"人"的。故事不需要有过多的心理活动描写、大段的对话和繁复细腻的景物描写、人物形象的刻画，作者不应该在故事中对人物或事件大加评论。故事的特点是着重于笔下的人物在怎么说和怎么做，而不是怎么想。作者始终要注意推进故事情节的流动、进展，语言富于动性，不需着意刻画其中的人物就会鲜活起来。①

　　"管仲的故事"，是与管仲有关的故事，主要从《左传》《国语》《管子》《庄子》《韩非子》《吕氏春秋》《韩诗外传》《说苑》《新序》《列女传》《史记》中，选择比较有代表性的与管仲有关的事件，按政治类、经济类、外交类、哲学言语类、生活类、综合类六个类别，做出注释、说明与内涵的阐释。

　　这些故事并不全是真实的历史事件，有一些具有虚构性质。比如《韩非子》《列女传》中与管仲有关的故事，有些内容与历史记载并不完全相同，可能是著者在写作过程中，为了强调某一点，对管仲历史故事的演绎。所以本书中管仲的故事内容，除了具有历史真实性之外，还有一些反映了后代的人们对前代历史、人物、事件的看法，甚至是将一个故事变换角度来叙说，以阐明自己的观点。

　　无论如何，这些从先秦到汉代的典籍中，通过管仲的故事，展现出了管仲的

---

① 吕和发等《跨文化公关视域下的外宣与外宣翻译研究》，国防工业出版社 2016 年版，第247 页。

政治智慧、做事方式、性格特征。我们看到，管仲成为伟大的政治家的过程中，并不是一帆风顺的，在他成为齐桓公相之前，也遇到很多挫折，但是管仲内心具有很高远的政治目标，他一直朝着这个目标努力，最终辅助齐桓公"九合诸侯，一匡天下"，取得了辉煌的政治成就。

我们阅读本书的时候，不仅能够学习古代的文化知识，提高古典文学修养，还应该学习管仲坚强的意志力，宽厚包容别人的心态，面对挫折时的抗打击能力，汲取古人的智慧，修养自己。

参考文献

[1] 白寿彝主编. 中国通史. 上海：上海人民出版社,2015.

[2] (汉)班固. 汉书. 北京：中华书局,1962.

[3] 曹亦冰译注. 新序·说苑选译. 成都：巴蜀书社,1990.

[4] 陈梦家. 西周年代考·六国纪年. 北京：中华书局,2005.

[5] 陈奇猷. 吕氏春秋新校释. 上海：上海古籍出版社,2002.

[6] 陈桐生译注. 国语. 北京：中华书局,2013.

[7] 程树德. 论语集释. 北京：中华书局,1990.

[8] 程翔评注. 说苑. 北京：商务印书馆,2018.

[9] 池万兴.《管子》研究. 北京：高等教育出版社,2004.

[10] 崔富章. 四库提要补正. 杭州：杭州大学出版社,1990.

[11] 丁守和等. 中国历代奏议大典. 哈尔滨：哈尔滨出版社,1994.

[12] (清)段玉裁. 说文解字注. 上海：上海古籍出版社,1981.

[13] (唐)房玄龄. 晋书. 北京：中华书局,1974.

[14] 冯金忠、陈瑞青. 河北古代少数民族史. 北京：民族出版社,2014.

[15] 高亨. 诗经今注. 北京：清华大学出版社,2010.

[16] 高树海. 纵横捭阖：古代策士说客写真. 北京：东方出版社,1999.

[17] 巩曰国.《管子》版本研究. 济南：齐鲁书社,2016.

[18] 关立勋、霍旻英. 管子名言译评. 北京：华文出版社,2002.

[19] 关立勋主编. 中外治政纲鉴. 北京：人民日报出版社,1991.

[20] 管正平. 春秋礼学. 杭州：浙江大学出版社,2016.

[21] 郭丽.《管子》文献学研究. 青岛：中国海洋大学出版社,2007.

[22] 郭浩. 管子品读. 济南：山东大学出版社,2016.

[23] 郭沫若. 管子集校. 北京：人民出版社,1984.

[24] (清)郭庆藩. 庄子集释. 北京：中华书局,2004.

[25] 韩路主编. 四书五经全注全译本. 沈阳：沈阳出版社,2014.

[26] 汉语大字典编辑委员会编. 汉语大字典. 武汉：湖北辞书出版社,成都：四川辞书出版社,1995.

[27] 何宁. 淮南子集释. 北京：中华书局,1998.

[28] 何建章. 战国策注释. 北京：中华书局,1990.

[29] (清)吴楚材,吴调侯编选. 古文观止. 北京：中华书局,1959.

[30] 胡朴安. 古书校读法. 南京：江苏古籍出版社,1985.

[31] 胡玉缙. 四库全书总目提要补正. 上海：上海书店出版社,1998.

[32] 纪丹阳. 吕氏春秋译注. 上海：上海三联书店，2018.

[33] 贾海生. 周代礼乐文明实证. 北京：中华书局，2010.

[34] 姜涛. 管子新注. 济南：齐鲁书社，2006.

[35] 蒋宝德、李鑫生编. 中国地域文化. 济南：山东美术出版社，1997.

[36] 寇崇琳编译. 诸子十家选译. 西安：陕西人民出版社，1991.

[37] 来可泓. 国语直解. 上海：复旦大学出版社，2000.

[38] 黎翔凤. 管子校注. 北京：中华书局，2004.

[39] 李零. 李零自选集. 桂林：广西师范大学出版社，1998.

[40] 李乃龙译析. 庄子选译. 桂林：漓江出版社，2005.

[41] 李学勤. 中国古代文明十讲. 上海：复旦大学出版社，2005.

[42] 梁启超. 管子评传. 上海：上海书店诸子集成本，1986.

[43] 梁启超. 梁启超论诸子百家. 北京：商务印书馆，2012.

[44] (清)刘宝楠. 论语正义. 北京：中华书局，1990.

[45] 刘柯等译. 管子译注. 哈尔滨：黑龙江人民出版社，2003.

[46] 刘文典. 淮南鸿烈集解. 北京：中华书局，1989.

[47] 刘永翔、吕咏梅. 先秦两汉散文. 上海：上海人民出版社，2017.

[48] (魏)王弼注，楼宇烈校释. 老子道德经注校释. 北京：中华书局，2008.

[49] 卢元骏注译. 新序今注今译. 天津：天津古籍出版社，1987.

[50] 罗竹风主编. 汉语大词典. 上海：汉语大词典出版社，1997.

[51] 吕思勉. 先秦学术概论. 上海：东方出版中心，1985.

[52] 绿净. 古列女传译注. 上海：上海三联书店，2018.

[53] 马非百. 管子轻重篇新诠. 北京：中华书局，1979.

[54] (清)马瑞辰. 毛诗传笺通释. 北京：中华书局，1989.

[55] 马世年编著. 《韩非子》品读. 兰州：甘肃文化出版社，2013.

[56] 齐秀生、齐超. 中国经济政治文明探析. 济南：齐鲁书社，2005.

[57] 辛冠洁主编. 中国古代著名哲学家评传续编一. 济南：齐鲁书社，1982.

[58] 秦峰. 译注国语. 南昌：江西高校出版社，1998.

[59] 裘锡圭. 裘锡圭自选集. 郑州：大象出版社，1999.

[60] 任继愈主编. 中国哲学史. 北京：人民出版社，1996.

[61] (清)阮元校刻. 十三经注疏. 北京：中华书局影印原世界书局版，1980.

[62] 上海师范大学古籍整理组校点. 国语. 上海：上海古籍出版社，1978.

[63] 石光瑛. 新序校释. 北京：中华书局，2001.

[64] 石一参. 管子今诠. 北京：中国书店，1988.

[65] (汉)司马迁. 史记. 北京：中华书局，1959.

[66] 苏舆. 春秋繁露义证. 北京：中华书局，1992.

[67] 陶一桃. 中国古代经济思想评述. 北京：中国经济出版社，2000.

[68] 童书业. 春秋左传研究. 上海：上海人民出版社，2019.

[69] 王利器校注. 新语校注. 北京：中华书局，1986.

[70] 王利器校注. 盐铁论校注. 北京：中华书局，1992.

[71] （清）王念孙. 读书杂志. 南京：江苏古籍出版社，2000.

[72] 王文锦. 礼记译解. 北京：中华书局，2001.

[73] （清）王先谦. 荀子集解. 北京：中华书局，1988.

[74] （清）王先慎. 韩非子集解. 北京：中华书局，1998.

[75] 吴则虞. 晏子春秋集释. 北京：中华书局，1962.

[76] 向宗鲁. 说苑校正. 北京：中华书局，1987.

[77] 谢谦编著. 国学词典. 成都：四川辞书出版社，2018.

[78] 徐元诰. 国语集解. 北京：中华书局，2002.

[79] （汉）许慎. 说文解字. 北京：中华书局，1963.

[80] 许嘉璐主编. 诸子集成. 广州：广东教育出版社，2006.

[81] 许维遹. 韩诗外传集释. 北京：中华书局，1980.

[82] 许维遹. 吕氏春秋集释. 北京：中华书局，2009.

[83] 许倬云. 西周史. 北京：生活·读书·新知三联书店，2012.

[84] 阎振益等校注. 新书校注. 北京：中华书局，2000.

[85] 杨宽. 西周史. 上海：上海人民出版社，2003.

[86] 杨宽. 战国史. 上海：上海人民出版社，2016.

[87] 杨伯峻. 春秋左传注. 北京：中华书局，1981.

[88] 杨伯峻. 论语译注. 北京：中华书局，2009.

[89] 于忠善. 古文百篇译释续编. 天津：天津人民出版社，1984.

[90] 余嘉锡. 余嘉锡说文献学. 上海：上海古籍出版社，2001.

[91] 张富祥注说. 吕氏春秋. 开封：河南大学出版社，2010.

[92] 张固也. 《管子》研究. 济南：齐鲁书社，2006.

[93] 张觉. 韩非子校疏析论. 北京：知识产权出版社，2011.

[94] 张觉等. 韩非子译注. 上海：上海古籍出版社，2012.

[95] 张舜徽. 周秦道论发微. 北京：中华书局，1982.

[96] 张习孔、林岷主编. 先秦大事本末. 北京：中国国际广播出版社，2007.

[97] 张永祥译注. 国语译注. 北京：北京联合出版公司，2015.

[98] 张玉良等. 白话管子. 西安：三秦出版社，1998.

[99] 张震泽. 孙膑兵法校理. 北京：中华书局，1984.

[100] 赵沛注说. 韩非子. 开封：河南大学出版社，2008.

[101] 赵善诒疏证. 新序疏证. 上海：华东师范大学出版社，1985.

[102] 赵守正. 管子注释（上册）. 南宁：广西人民出版社，1982.

[103] 赵守正. 管子注释（下册）. 南宁：广西人民出版社，1987.

[104] 赵仲邑. 新序详注. 北京：中华书局，1997.

[105] 朱少华. 匡世经论：管子谋略纵横. 北京：蓝天出版社，1997.

[106] （宋）朱熹. 四书集注. 北京：中华书局，1983.

后 记

　　《管仲的故事》是 2017 年山东省社会科学规划研究项目中的社科普及应用研究专项课题(项目批准号:17CKPJ15)研究成果,项目负责人是山东理工大学的李金玲老师。本书的初稿在 2019 年 12 月完成,经过一年多的润色修订,现在呈现在读者面前。

　　管仲是春秋时期齐桓公的大臣,襄助齐桓公"九合诸侯,一匡天下",尊王攘夷。齐国成为首霸国家,管仲居功至伟。管仲是伟大的政治家,对中国政治、经济、文化的发展都产生了很大的影响。20 世纪初期,知识分子在寻求强国富民的道路过程中,将目光投向管子,他们从管仲的生平事迹和《管子》中寻求可以使中国走向富强的方法。新中国成立以后,郭沫若的《管子集校》汇集众多善本,考证《管子》文字内容,在《管子》整理研究史上影响很大。20 世纪 80 年代之后,探讨《管子》的内涵思想,是管子学研究的热点。总的来说,研究者对管仲和《管子》在学理上研究较多,作为管子学的普及性读物较少。

　　《管仲的故事》根据读者阅读需要,搜集先秦两汉典籍中的管仲资料,选取其中有代表性的管仲故事,按照政治类故事、经济类故事、外交类故事、哲学言语故事、生活类故事、综合类故事等六个方面作出分类,每类包含有若干个小故事。本书的撰写者努力以深入浅出、通俗易懂的语言,叙述管仲经典故事,传播弘扬中华优秀传统文化。

　　本书主要撰写内容由山东理工大学教师李金玲、郭丽共同承担,研究生吴奇敏、史文静做了大量的文字校对工作;聊城大学的郭雨杨同学负责部分资料的搜集;孙其香、尚慧馨两位老师对本书的完成做了有益的工作。山东理工大学社科处、法学院、齐文化研究院的有关领导和老师对本课题的顺利完成提供了宝贵的支持与帮助,在此一并致谢。

作者

2021 年 6 月